Raphael Müller

Ich fliege mit zerrissenen Flügeln

W0180023

BRUNNEN BASEL

Bibliografische Information der Deutschen Nationalbibliothek
Die Deutsche Nationalbibliothek verzeichnet diese Publikation in der
Deutschen Nationalbibliografie; detaillierte bibliografische Daten sind im
Internet über www.dnb.de abrufbar.

Die Bibelstellen wurde folgender Übersetzung entnommen:

«Hoffnung für alle»®
© 1983, 1996, 2002 Biblica, Inc.®
Hrsg. von `fontis – Brunnen Basel

5. Auflage 2015

© 2014 `fontis – Brunnen Basel
Umschlag: spoon design, Olaf Johannson
Bilder Umschlag:
Bild Raphael: © by Tino & Ulrike Müller
Bild Papiervogel: Ilia Torlin, Natykach Nataliia / Shutterstock.com
Sämtliche Fotos im Innenteil: © by Tino & Ulrike Müller
Satz: InnoSet AG, Justin Messmer, Basel
Druck: CPI Books, Ebner & Spiegel, Ulm
Printed in Germany

ISBN 978-3-03848-008-2

Inhalt

Vorwort 9

1. Anders als erwartet... 11
Die sieben stummen Jahre 11
Meine Burg – meine Familie 19
«Jeden Tag ein kleines Wunder» – die Delfintherapie............... 23
Zwischen den Stühlen – Autismus..................................... 26
*Meine Specials: fotooptisches Lesen, Synästhesie und
    autodidaktisches Lernen* 32
Ich rede schriftlich!.. 37

2. Schweres ist leicht und Leichtes so schwer!................. 41
Auf Umwegen – meine Schullaufbahn 41
Mit Abkürzung – der Sprung ins Gymnasium 48
*«Ziemlich beste Freunde» – meine Schulbegleitung
    und Freizeitbetreuung*... 56
Ich will nicht in einem Ghetto leben! – Inklusion 59
Dabeisein ist alles! – Ein Stück Normalität............................ 64
Die Highlights – Besuche von Freunden 66

3. Stumm, aber voller Worte 69
Das Buchstabenland und die Sprache der Zahlen.................... 69
Zwergengeschichten.. 74
Geronnene Gedanken – das Dichten 76
Ausgelassene Buchstabenfeste: Prosa.................................. 81
Geistiges Futter und Seelennahrung – meine Lektüre................ 91

4. Lichtblicke 97
Wertvolles Feedback: Wettbewerbe..................................... 98
Matinée im Schloss Bellevue... 100

Kontakt mit der Presse – Zeitungsworkshop 102

Musikalische Unterstützung: Vertonte Texte.......................... 108

5. Die Kehrseite der Medaille 114

Bremsklotz Operation und andere Widrigkeiten 116

Therapien und Therapeuten 123

Leid und Schmerz erleben – und verstehen? 124

6. Sinn und Ziel 130

Die Gedanken sind frei! 130

«Das Universum in einer Nussschale» – hat Gott darin Platz? 134

Der rettende Anker – mein Glaube 138

«Wunder werden» – Motivation und Vorbilder 144

Ich möchte Brücken bauen! – Ausblick, Vision 147

7. Von außen betrachtet 150

Überraschungspaket mit Perle
    (aus Sicht der Mutter Dr. Ulrike Müller) 150

Ein Spiegel (aus Sicht des Schulberaters StD Bernhard Kamm) 162

Ermutigung, unbekannte Wege zu gehen (Gerhard Haunschild,
    Rektor des Deutschherren-Gymnasiums) 163

Was würden Sie tun? (Die Perspektive der Lehrerin
    StR Katharina Dollinger) 164

Ich freue mich schon auf die weitere gemeinsame Zeit!
    (Tanja Spencer, Schulbegleitung) 166

Unser Poet (Kommentare der Klassenkameraden) 167

Meine guten Wünsche zu Raphaels Buch! (Dr. Pius Thoma) 169

Nicht wie es scheint ... (aus der Sicht einer Dozentin der
    Uni Augsburg) 171

Tief berührt! (Antonia Huppertz, Studentin der Uni Augsburg) .. 173

Literatur, Links, Filme 174

Glossar 175

Anmerkungen 176

An Euch

Fliegen – kann ich in meinen Träumen. Laufen – nicht einmal im täglichen Leben. Sprechen – ist mir versagt. Ich bin stumm, wenn auch nicht immer leise.

Aber ich habe etwas zu sagen. Wer es hören will, muss lesen, denn meine Kommunikation geht schriftlich vonstatten. Schreiben ist mein Lebenselixier, mein Tor in die Freiheit Eurer Welt, meine Brücke zwischen den Welten. Meine Sprache ist die Poesie. Wer um die Charaktere der Buchstaben und Zahlen weiß, der wird den Tanz der Worte verstehen und ihre Freude empfinden. Ja, ich bin ungewöhnlich, und egal, wie sehr Ihr Euch bemüht: Ich passe einfach in keine Schublade. Gott sei Dank!

Vorwort

Ich danke Gott tagtäglich, dass es FC gibt, jene Methode des Gestützten Schreibens, die es mir ermöglicht, meine Gedanken tippend zu Papier zu bringen, ehe es mich innerlich zerreißt. Schreiben ist mein Ventil, meine Brücke nach außen und daher schlicht essenziell.

So hat es mir dann auch enorme Freude bereitet, dieses Buch zu schreiben. Wochenlang habe ich jede schul- und therapiefreie Minute da hinein investiert. Meine Mutter habe ich zwangsläufig im gleichen Maß beschäftigt, denn sie stützte geduldig meinen Arm während der 228390 Tippbewegungen. Ich kann ihr gar nicht genug danken! Während dieser Wochen rund um Weihnachten 2013 mussten mein Papa und Hannah zurückstecken und auf Mama verzichten, damit dieses Projekt gelang. Ich habe weiß Gott die weltbeste Familie!

Verena Weich war so freundlich, meine erste Rohfassung zu lesen. Ihre Anregungen halfen mir, die Kapitel zu sortieren. Danke dafür!

Dr. Pius Thoma, Dr. Cornelia Rehle, Bernhard Kamm, Rektor Haunschild, Frau Dollinger, Antonia Huppertz, Tanja Spencer und meinen Klassenkameraden möchte ich herzlich für die grandiosen Beiträge zu meinem Buch danken!

Das beste Manuskript bleibt ungelesen, wenn sich kein Verlag findet, der es druckt. Daher gebührt mein maximaler Dank Christian Meyer, Vera Hahn und Ulrich Parlow, meinen Lektoren, und Dominik Klenk, dem Verleger des ˋfontis-Verlags, sowie dem ganzen Team für ihr erstaunliches Vertrauen in einen Jugendlichen. Das bedeutet mir viel! Die Zusammenarbeit mit dem Verlag gestaltete sich herzerfrischend angenehm, da macht ˋfontis seinem neuen Namen alle Ehre. Respekt!

Allen Lesern wünsche ich neben vergnüglichen Lesestunden wertvolle Gedankenanregungen. Ich bete, dass dieses Buch ein Segen sein darf und tatsächlich dazu beiträgt, Brücken zu bauen. Es soll Mut machen, damit andere Betroffene ebenere Wege in Richtung Inklusion vorfinden. Ich wünsche allen einen Glauben, der auch dann trägt, wenn die Flügel versagen und das Leben bodenlos erscheint. Gott segne Sie lichtbringend und spürbar!

1. Anders als erwartet

Sieben Jahre lang hielt mich fast jeder für geistig behindert. Das hat man davon, wenn man nicht spricht und somit nicht unmittelbar antworten kann. Das verhält sich ähnlich zu einem Computer mit intakter Hard- und Software, dessen Bildschirm defekt ist. Dies fordert allzu häufig die Diagnose «komplett kaputt» heraus. Nur wenige kommen auf die Idee, klares Denken dennoch für möglich zu halten, und somit sind Missverständnisse vorprogrammiert.

In vielerlei Hinsicht bin ich anders als erwartet. Zu Beginn enttäuschte mein Befund, und als sich mein Umfeld endlich mit dem Thema Behinderung arrangiert hatte, musste man feststellen, dass ich allen Prognosen zum Trotz ein denkendes Wesen bin, ein Kopfmensch mit störrischem Körper. Doch lassen Sie uns von vorne beginnen.

Die sieben stummen Jahre

Meine Wahrnehmung unterscheidet sich wesentlich von der Ihren, das wird an dem Autismus liegen und der ungewöhnlichen Beschaffenheit meines Gehirns. Ein Großteil meiner grauen Zellen fiel einem perinatalen Infarkt zum Opfer und führte sekundär zu deutlich vergrößerten Seitenventrikeln. «Hydrozephalus internus e vacuo» lautet der Fachbegriff. Also, wenn ich das richtig verstanden habe, dann hat ein Schlaganfall vor meiner Geburt Teile meines Gehirns vernichtet. Den entstehenden Platz haben sich die Flüssigkeitskammern gekrallt.

Da aber keine Drucksymptomatik vorliegt, blieb mir eine Kopfoperation erspart. Ursache des Geschehens war vermutlich ein Aneurysma, eine Gefäßschwachstelle, die infolge eines Auffahrunfalls circa drei Wochen vor meiner Geburt platzte und die Verwüstungen in meinem Kopf anrichtete.

11

Ich wurde am 24. September 1999 geboren, exakt drei Monate vor Heiligabend. Die Geburt war leicht und komplikationslos, da waren sich Mama und Hebamme einig. Parallel zu den Wehen tobte ein Gewitter über Aichach; als ich da war, regnete es friedlich. Weder meine Eltern noch ich bekamen etwas von dem Naturspektakel mit, doch die Hebamme stellte es amüsiert fest.

Im Gegensatz zu meiner Oma habe ich noch heute keinerlei Angst vor Gewitter. Im Gegenteil, trotz meiner geräuschempfindlichen Ohren liebe ich es, wenn es scheppert und kracht, windet und stürmt. Eventuell liegt das daran, dass mir selbst kein Herumtoben vergönnt ist. Jedenfalls bringe ich Gewitter mit Spannung und Abenteuer in Verbindung und dem Beginn von Neuem.

Meine ersten Monate verliefen unspektakulär. Mein Befund war noch nicht bekannt und die Welt daher in Ordnung. Ich erinnere mich an die objektbaumelnde Kette des Schaukelwagens, die kühlkalte Gesichtswäsche bei der Taufe, das Streichelkreuz auf meiner Stirn zum Einschlafen, beruhigenden Fönwind auf meinem Bauch, tröstliches Mamagekuschel, heftige Schleimspuren im Gesicht, besonders auf der Nase, und grellbunt wechselndes Farbspiel in einer musiktönenden Nacht. Etwas später dann an meine missglückte «pisi»-Warnung mit anschließender Dusche von Mama, meine Protestreden im Kinderwagen, leider unverständlich, weil auf «Raphaelisch», und mein diplomatisches «Mapa» abends im Bad, als Mama bettelte, ich solle «Mama» sagen, und Papa zeitgleich befahl: «Sag ‹Papa›.»

Der extraleckere Brei führte nach ein paar Monaten zu ärgerlich stückiger Belästigung auf der Zunge. Das Erkunden des Zimmers bereitete mir maximale Abenteuerlust. Fies war das Unverstandensein bei gleichzeitigem Verstehen. Dann wurde es neblig, meine Welt wurde aus den Angeln gehoben.

Rückblickend betrachtet, erscheinen mir die ersten Jahre wie im Nebel: abgegrenzt und unverstanden von meiner Umwelt, doch gleichzeitig von Gottes Liebe umgeben und umsorgt. Wie eine Insel mitten im Ozean. Eingebettet in Watte, abgespalten von der Masse, verstehend, ohne verstanden zu werden, so empfand ich meine Welt.

Nicht, dass es mich sonderlich bekümmert hätte, anders zu sein. Ich, für mich, kannte es ja nicht anders, und Gott war mir auch hier sehr nahe. Was mich irritierte, waren der stete Vergleich mit den Gleichaltrigen und die zahlreichen Therapien, vermittelten sie doch alle gleichermaßen meine Unzulänglichkeit und zielten darauf ab, mich meiner eigenen Welt zu entreißen. Mein Zufluchtsort war in Gefahr, meine Oase drohte zu verdorren!

Dieses Nebelgefühl wurde verstärkt durch ein immenses Nichtspüren meines Körpers vom Hals abwärts. Im Kopfbereich bin ich obersensibel, doch je nach Wetterlage vermag ich an manchen Tagen nicht zu definieren, wo meine Gliedmaßen enden und wo etwas anderes beginnt. Es ist ein scheußliches Gefühl, so mit der Umwelt zu verschwimmen. Wo und wer bin ich? Lauge ich aus an solchen Tagen?

Es dauerte eine Weile, bis ich lernte, mich und anderes auseinanderzuhalten. Das Vibrieren der Lippen beim Erzeugen eines Autogeräusches gibt mir an extremen Tagen beruhigende Rückmeldung, dass es mich noch gibt. Meine Mitmenschen wissen es besser. Sie können ein Lied davon singen, dass ich an solchen «Lauge-Tagen» entgegen meinem Empfinden auch körperlich und vor allem lautstark anwesend bin.

Das ärgerliche Nichtspüren meiner Extremitäten bremste zwangsläufig meine motorische Entwicklung. Erst bei der U5-Untersuchung Mitte April trat das Schlamassel in Form von ataktischen Bewegungen zutage. Man untersuchte meinen Kopf erst mittels Ultraschall, dann im Kernspin und fand stark vergrößerte Seitenventrikel, das sind die Flüssigkeitskammern im Gehirn.

Eine Woche lang wurde ich in der Haunerschen Kinderklinik in München gedreht und gewendet, verkabelt und abgezapft.

Angenehm habe ich dieses ergebnislose Suchmanöver nicht in Erinnerung. Schließlich befand man meinen Stoffwechsel für unschuldig. Vermutlich sei ein Schlaganfall für den Verlust der Gehirnsubstanz und die Flüssigkeitsansammlung verantwortlich.

Ein junger Assistenzarzt tröstete Mama, indem er erklärte, wir würden nur zehn Prozent unserer Gehirnsubstanz nutzen. Wenn ich also das Beste aus dem Wenigen machte, was ich habe, dann könnte ich ein normales Leben führen. Nun, ganz ist es mir nicht geglückt, aber ich versuche tatsächlich, das Beste herauszuholen. Wer weiß, vielleicht ist weniger ja manchmal mehr. Dieser kurze Ausspruch des jungen Arztes war jedenfalls Balsam für unsere Familie und ein Strohhalm.

Von nun an hatte ich einen festen Stundenplan, angefüllt mit Therapien und Arztterminen. Die Prognosen waren durchaus heftig. Es entstand schon bald ein Wettstreit der Therapien – und ich befand mich mittendrin!

Das Bekanntwerden meines Befundes mit sieben Monaten hatte schlagartig alles verändert. Ich war noch zu jung, um mich an die Details zu erinnern, aber ich erinnere mich in der Folge an eine Vielzahl von Therapien und Therapeuten, und intuitiv war mir immer klar, dass dies nicht von Anfang an so war, dass etwas zerbrochen war im Familiengefüge und dass es etwas mit mir zu tun haben musste. Es dauerte etwas, ehe ich wusste, was es war. Der Diagnose «Hydrozephalus internus e vacuo» konnte ich damals noch keine konkrete Bedeutung beimessen. Ich spürte die Sorge, den unausgesprochenen Kummer, die Ratlosigkeit in den Augen der Erwachsenen und kam mir sehr hilflos und traurig vor.

Zu gerne hätte ich getröstet, allein es war mir nicht möglich. Irgendetwas fehlte, war verloren gegangen: die Freude und die Hoffnung. Sie mussten erst mühsam gesucht und wiedergefunden werden. Und Strohhalme wie der oben erwähnte pflasterten nicht gerade meinen Weg.

Dabei meinten es alle gut mit mir. Sie wussten schlicht nicht, was sie taten. Jede Disziplin erkannte meine Defizite in ihrem

Fachbereich, und denen galt es mit aller Kraft entgegenzuwirken. Dies entspricht der Lehrmeinung, doch es stärkte nicht unbedingt mein Selbstwertgefühl. Physiotherapie, Ergotherapie, Logopädie, Hippotherapie und Osteopathie bereicherten mit einem Mal neben Babyschwimmen und Krabbelgruppe meinen Alltag. Ich freute mich über die Abwechslung, doch ich möchte nicht wissen, was dieses Pensum meinen Eltern abverlangte.

Schon mit etwa zehn Monaten begann mich ein weiteres Übel zu plagen. Erst wurde spiralförmig alles ganz weit, das wechselte schlagartig, und die Spirale schraubte sich, immer enger werdend, in die Gegenrichtung. Mama bemerkte meine krampfenden Extremitäten und die blauen Lippen und rief bestürzt meinen Kinderarzt an. Sie berichtete von dem epileptischen Anfall, den sie soeben beobachtet hatte. Nein, zu einem Hausbesuch sei er nicht bereit, sie solle lieber mit mir in die Klinik fahren, nicht, dass ich ihr auf der Strecke bliebe!

Also durfte ich ziemlich plötzlich ins Krankenhaus umziehen, wo an diesem Abend gar nichts gemacht wurde. Das verstand ich nicht so recht, und auch das Schlafen wollte mir nicht gelingen. Mehrmals wurde ich an den darauffolgenden Tagen verkabelt und zeitgleich mit Glitzerblasen bespaßt. Ohne merklichen Erkenntnisgewinn. Man wollte Mama schon sagen, sie habe sich geirrt, als ich während einer solchen Messung erneut zu krampfen begann. Ach so. Anscheinend haben Mütter doch manchmal recht.

Daraufhin bekam ich Orfiril verabreicht. Ich erinnere mich noch genau an den Schriftzug auf der ungeliebten Packung. Damals vermochte ich ihn noch nicht zu entziffern, doch mein fotooptisches Gedächtnis ermöglicht mir, es im Nachhinein zu lesen. Um das Medikament einzuschleichen, wurde Mama angewiesen, die Kapseln zu öffnen und mir eine täglich steigende Zahl der darin enthaltenen Kügelchen zu verabreichen. Das Zeug schmeckte grauenvoll, ich roch schon von Weitem, auf welchem Löffel es sich befand, und solange das Essen warm

15

war, noch intensiver. Mama wäre schier verzweifelt, weil ich auf einmal erst aß, wenn das Essen bereits wieder kalt war. Und selbst dann wusste ich, ohne hinzusehen, welche Löffel medikamentbestückt waren. Sie musste mir «Alles jubelt, alles singt» und «Mein Gott ist so groß» vorsingen, damit ich überhaupt den Mund aufmachte.

Das Medikament erforderte regelmäßige Blutabnahmen zur Kontrolle meiner Leberwerte. Das fand ich weit spannender als schlimm, da ich wie gesagt in meinen Extremitäten relativ unempfindlich bin. Allerdings traute der Kinderarzt mir nicht so recht, und daher wurde ich regelmäßig von mehreren Leuten festgehalten. Das wiederum jagte mir Angst ein. Außerdem kann ich es nicht gut leiden, festgehalten zu werden, schon gar nicht von Fremden!

Diese Prozedur probten wir alle drei Wochen, es half trotzdem nichts: meine Blutwerte stürzten bedenklich ab. Stattdessen gab man mir Carbamazepin und Topamax – mit mäßigem Erfolg. Ich befand mich in einer Art Dauerdelirium, verlernte zu robben und zu lautieren und krampfte zusehends deutlich mehr statt weniger.

Die Ärzte rieten zu einer weiteren Dosiserhöhung des bis dahin für unter Zweijährige offiziell noch gar nicht zugelassenen Medikaments Topamax. Da riss Mama der Geduldsfaden. Sie ließ die Nahrungsmittel austesten, verordnete mir eine Rotations-Weglass-Diät und begann die Medikamente auszuschleichen. Ganz langsam, über ein halbes Jahr verteilt. Robben versuchte ich nie wieder, lautieren («mamamam, papapap») auch nicht, aber ich konnte wieder klar denken!

Die epileptischen Krämpfe kommen unregelmäßig, aber für meinen Geschmack viel zu häufig, sie betreffen Arme und Beine sowie die Atmung. Im Fachjargon werden sie «Grand Mal» genannt. Ich ahne ihr Kommen und fürchte den heftigen Schmerz und den anschließenden Muskelkater. Meist verlässt mich im Vorfeld mein sonst so gesegneter Appetit, so dass ich Essen und

Trinken verweigere. Das Gute an der Epilepsie sind die absolut klaren, genialen Gedanken unmittelbar vor dem Krampf. In solchen Momenten meine ich, den Plan hinter den Dingen zu verstehen. Dieses Glück möchte ich nicht missen! Dafür nehme ich die Schmerzen in Kauf. Allerdings musste hierfür erst die lähmende, dämpfende Decke der Dauermedikation gelüftet werden, welche klare Gedanken konterkarierte.

27.01.2014

Denkbar flüssiger Gedankenstrom

Fließend zieht er mich in seinen Bann,
er zeigt mir tosend, was er kann.
Felsenharte Brocken können ihn nicht stoppen,
sein Tempo ist wohl nicht zu toppen.
Mit Wucht reißt er alles mit sich fort
an einen unbekannten Ort.
Blubbernd, schäumend und auch träumend
rauscht der Strom auf seinem Weg dahin.
Die Reise gleicht einer Suche nach dem Sinn.
An Getreidefeldern vorbei durch grüne Auen,
es gibt wahrlich viel zu schauen
und zu lernen von der großen, weiten Welt
und jenem, der die Welt in Händen hält.
Offen nimmt der Strom Gedanken in sich auf,
nimmt wirbelbildende Widersprüche in Kauf,
wächst mächtig auf dem Weg zum Meer,
gedeiht prächtig so ganz nebenher.
Und dann vermischt er sich in unendlichen Weiten
mit anderen, die seine Suche nach dem Sinn begleiten,
verliert seine eingeschränkte Subjektivität,
während er eine neue Perspektive wählt
und mit einem Mal ganz viel versteht.

(Ich habe immer noch Anfälle, doch weit weniger als vorher, und sie hören von allein wieder auf. Wenn es wirklich zu heftig wird, erhalte ich Valium, dann schlafe ich ein paar Stunden. Ein verlorener Tag. Dafür behalte ich an den anderen Tagen einen klaren Kopf.)

Mein Kinderarzt erklärte, ich könne vermutlich nie auf eine normale Schule gehen. Auch sonst wusste er wenig Charmantes über mich zu sagen, und so wühlten seine Kommentare mich und meine Eltern mehr auf, als dass sie halfen.

Mama hörte einen Vortrag des Gehirnforschers Haffelder, der betonte, wie sehr unsere Gedanken das Geschehen beeinflussen. Auf seinen Rat hin beschloss sie, mich keinesfalls gedanklich zu deckeln, und wechselte den Kinderarzt. Herr Haffelder maß meine Gehirnströme und erstellte eine spezielle CD, die klassische Musik mit Wal- und Delfinlauten kombinierte, um die Zusammenarbeit der beiden Gehirnhälften zu optimieren. Leider sabotierte ich den Therapieerfolg, weil ich mit meinen knapp drei Jahren nicht bereit war, den Kopfhörer aufzulassen.

Hart waren die jährlichen Untersuchungstermine im BBZ der Hessing Stiftung in Augsburg, wo man mich und meine Entwicklung mit Argusaugen betrachtete und analysierte. Da man der festen Überzeugung war, die motorische Entwicklung gehe mit der kognitiven Hand in Hand, durfte ich in der Ecke sitzen und spielen, während man Mama mit einer Hiobsbotschaft nach der anderen konfrontierte, nicht ahnend, dass ich doch zuhörte und verstand.

Mama verteidigte mich tapfer und signalisierte mir, dass sie fest an mich glaubte. Das tröstete mich ungemein! Leider glaubte ihr viele Jahre niemand, dass ich deutlich mehr verstand, als die Ärzte sie glauben machen wollten.

Bei einem dieser Termine wurde Mama gefragt, ob ich Spielsachen nach ihrer Farbe sortieren könne, was sie verneinen musste. Am nächsten Tag holte ich nur blaue Legosteine aus meiner Kiste, um zu zeigen, dass ich die Farben doch unterscheiden kann. Zu Mamas Leidwesen konnte ich mich aber nicht dazu durchringen, es auch denjenigen zu beweisen, die zuvor an mir gezweifelt hatten. Das ist bei mir so. Wer mir vertraut, erhält jede Menge Beweise. Wer nicht, der eben nicht.

Je älter ich wurde, umso ärger wurde es mir, dass man mich nicht verstand, wo ich die anderen doch sehr wohl verstehen konnte. Ich sprach zwar fließend «Raphaelisch», wie Mama es nennt, aber das half mir gar nichts, schließlich existieren keine Wörterbücher für diese exotische Sprache, und das hindert das Verstandenwerden enorm.

So blieb mir an manchen Tagen nur noch Gebrüll, um deutlich zu machen, dass etwas nicht stimmte. Doch diese lautstarke Art der Verständigung ist reichlich unspezifisch, so dass meine Eltern, Großeltern und Therapeuten das eigentliche Problem meist nicht erkannten. Mein Frust regelte die Lautstärke entsprechend nach oben. Das wiederum stresste nicht nur meine Eltern, sondern auch die Großeltern zur Genüge, die allesamt um mein Wohlergehen besorgt waren. Ein Circulus vitiosus. Dieser Zustand änderte sich erst, als ich mich schließlich mit sieben Jahren schreibend mitteilen konnte.

Meine Burg – meine Familie

Ich habe die weltbesten Eltern abbekommen, da bin ich sicher. Obwohl es nicht immer leicht ist mit mir, unterstützen sie mich nach Leibeskräften und machen «Unmögliches» möglich. Papa hat meinen Rollstuhl schon mehrmals auf das Rittner Horn hinaufgeschoben, so dass auch ich Gipfelkreuz und Bergpanorama genießen durfte.

Unsere «Männerausflüge» sind wahre Highlights für mich, auch wenn ich dies leider nicht immer zeigen kann. Mit Papa verständige ich mich per Handzeichen. Anfangs stand die rechte Hand für «Nein» und die linke für «Ja». Doch schon bald zeigte sich, dass diese zwei Antwortoptionen häufig zu wenig sind. Von Veronika Raila, die sich in einer ähnlichen Situation befindet, lernten wir, die einzelnen Finger mit unterschiedlichen Bedeutungen zu belegen, so dass sich bei Bedarf bis zu zehn Wahlmöglichkeiten ergeben. Leider dauert es mitunter, bis ich es schaffe, meine widerspenstige Hand zu dirigieren, so dass eine gute Konzentration meines Gegenübers gefragt ist, um zu verstehen, welcher Finger nun was bedeutet.

Konkret sieht das dann so aus, dass zum Beispiel der Daumen «Ja» bedeutet und der Zeigefinger «Nein». Wenn ich eine Frage nicht mit Ja oder Nein beantworten kann, dann nehme ich schlicht den Mittelfinger und meine damit «Falsche Frage», «Weiß ich nicht» oder «Weder noch». Oder aber ich werde gefragt, was ich tun möchte: lesen, schreiben, rechnen, chillen, spazieren gehen …

Papa zeigt mir meine Grenzen auf, wir messen immer mal wieder unsere Kräfte oder unseren Willen. Dies schleift wohl die eine oder andere Kante glatt. Ich fürchte, durch mich – oder genauer gesagt durch meinen Befund – sind einige seiner Lebenspläne durchkreuzt worden. Ich bin so froh, dass er mir so zur Seite steht. Er ist der Fels in der Brandung.

Mama ist meine Stimme, meine Vermittlerin und mein emotionaler Halt. Ohne ihr Vertrauen in mich und die Teilnahme an dem Basiskurs für Gestützte Kommunikation im November 2006 würde mein IQ auch heute noch auf null geschätzt, und ich würde vor mich hin vegetieren, in meinen Antworten dauerhaft auf Ja/Nein-Aussagen reduziert.

Mit Mama klappt das Gestützte Schreiben am schnellsten und besten. Kein Wunder, wir üben es seit rund sieben Jahren, also mehr als 2555 Tagen, täglich. Dank der Zeit und der Energie, die sie für mich verwendet, darf ich trotz aller Einschränkungen ein menschenwürdiges Leben führen.

Mama hat, sobald sie sich von ihrem ersten Schreck erholt hatte, unglaublich viel Zeit, Energie und Fantasie aufgewendet, um das, was sie von meinen Therapeuten, aus Büchern und von anderen Eltern lernte, fortzuführen und umzusetzen. Mama ist Therapeutin, Ärztin, Krankenschwester und Mutter in Personalunion. Sie schreckte auch nicht davor zurück, Berge aus Hirse, Erbsen oder Bohnen auf unserem Wohnzimmerboden aufzuschütten, um mir «Indoorsandkästen» zu bieten. Da ich jedoch mit meinem Mund deutlich mehr spüre als mit meinen Händen, steckte ich schon bald die rohen Erbsen und Bohnen in den Mund. Da wurde ihr dann wohl mulmig.

Mama ermöglichte mir die Teilnahme an einer normalen Krabbelgruppe und ertrug dabei tapfer den unmittelbaren Vergleich mit exakt gleichaltrigen Kindern. Ich genoss es schon damals, unter normalen Gleichaltrigen zu sein und sie zu beobachten. Die anderen stürzten sich auf Berge von Spielzeug. Ich war vollauf damit beschäftigt, ihr Spiel zu verfolgen und den Gesprächen der Mütter zu lauschen.

Babyschwimmen war der regelmäßige Höhepunkt der Woche. Wasser ist und bleibt mein Element. Darin kann ich mich viel freier bewegen und maximal deutlich spüren.

Während sich andere Mütter beklagten, dass ihre Sprösslinge die Schubladen ausräumten, trug mich Mama extra zu den Schubladen hin, damit auch ich Spaß haben konnte. Jahrelang schrieb sie Diätlisten und dokumentierte meinen Zustand und meine Reaktion auf bestimmte Nahrungsmittel und Stresssituationen, nervte Papa damit und verteidigte die Rotations-Weglass-Diät gegenüber enttäuschten Großeltern, die ihren Enkel nicht mit Schokolade verwöhnen durften.

Mama übt immer noch täglich laufen mit mir und ist sich für Toilettentraining nicht zu schade. Ohne sie und ihren Glauben wäre ich vermutlich stecken geblieben in meinem autistischen Schneckenhaus. Gut, dass es Mütter gibt!

Hannah, meine Schwester, ist drei Jahre jünger als ich und in vielen Punkten das glatte Gegenteil: als Nachteule ist sie abends kaum ins Bett und morgens nur schlecht herauszukriegen, während ich freudig meinem Bett winke und dann entsprechend früh aufwache. Hannah ist ein Fleischkätzchen, ich dagegen bin ein Fast-Vegetarier. Sie kann reden wie ein Buch, ich spreche kein Wort … Hannah weiß sehr genau, was sie will, und noch genauer, was sie nicht möchte, und sie kann ihren Standpunkt auch deutlich vertreten. Mit knapp zwei Jahren hat sie mir sprichwörtlich den Kopf gewaschen, indem sie ihre Trinkflasche über mir auskippte und Friseuse spielte. Mit etwa vier bereitete sie mir große Freude, indem sie wiederholt behauptete: «Wenn ich groß bin, dann heirate ich meinen Raphael!»

Inzwischen sporn Hannah mich zum Schreiben meiner Fantasiegeschichten an, rügt mich, wenn sich die Geschichte zu langsam entwickelt, und ist meine strengste Kritikerin. Wenn ich ihr zu laut bin, dann ernte ich nicht nur böse Blicke, sondern häufig auch einen Klaps. Es handelt sich eben um wahre Geschwisterliebe! Ich möchte sie nicht missen!

Seit zwei Jahren bereichert ein schwarzer, wuscheliger Havaneserbub unsere Familie. Sammi sorgt dafür, dass Mama ihre tägliche Portion Frischluft abbekommt und ab und an auch eine Extraration Adrenalin, wenn er alle Hundeschulregeln ignoriert und mit Meister Lampe im Maisfeld Fangen spielt, freilich ohne Erfolg. Er verteidigt Haus und Garten und schimpft täglich mit dem Postboten. Die Omas und Opa hat er längst um seine zotteligen Pfoten gewickelt. Für Hannah und mich ist Sammi Spielkamerad, Kuscheltier und vor allem Seelentröster. Kurz: er ist einfach nicht mehr wegzudenken.

Gott sei Dank wohnen beide Großeltern bei uns am Ort und helfen, so gut es geht! Opa Heli ist leider vor zwei Jahren gestorben, doch die beiden Omas und Opa Stephan sind immer zur Stelle, wenn Mama Hilfe braucht, und opfern bereitwillig freie Abende, um uns zu hüten, da ich aufgrund meiner Epilepsie nicht allein bleiben kann. So können Mama und Papa auch mal etwas zusammen unternehmen. Mit meinen Großeltern verständige ich mich ebenfalls per Handzeichen.

«Jeden Tag ein kleines Wunder»[1] – die Delfintherapie

Mama stolperte schon bald über Kirsten Kuhnerts Buch «Jeden Tag ein kleines Wunder», in welchem sie die Geschichte ihres Sohnes schildert, der nach einem Ertrinkungsunfall im Wachkoma lag und durch eine Delfintherapie wieder aufwachte. Daraufhin hatte Frau Kuhnert «Dolphin Aid» gegründet. Mama griff spontan zum Telefonhörer und meldete mich an. Die Warteliste war ziemlich lang, es dauerte also fast vier Jahre, bis April 2004, bis ich zu den Delfinen durfte.

Das Therapiezentrum des DHT (Dolphin Human Therapy) befand sich in Key Largo, Florida. Die Reise dorthin mit mir, meinem Rollstuhl, meiner kleinen Schwester, die gerade erst zu laufen begann, sowie jeder Menge Gepäck (Windelpakete, Medikamente, spezielle Nahrungsmittel usw.) stellte eine logistische Herausforderung und sicherlich eine Belastungsprobe für meine Eltern dar, denn Hannah und ich dachten gar nicht daran, zu schlafen, und schon gar nicht gleichzeitig. Und am Zielort angelangt, war unsere innere Uhr noch immer auf deutsche Zeit geeicht.

Das DHT war eine wahre Oase, eine riesige Wohltat und Balsam für meine geschundene Seele! Auch hier gab es ellenlange Anamnesegespräche, doch im Unterschied zu Deutschland konzentrierte man sich nicht auf die Defizite, sondern auf die Stärken. Die Stärken müssten gestärkt werden, erklärte Dr. Nathanson, der Begründer der Delfintherapie, den teilnehmenden Familien, dann würden sich auf ganz vielen Ebenen Erfolge einstellen.

«Wow!», dachte ich mir und freute mich auf die erste Therapiesitzung.

«Mein» Delfin hieß Alfonz und beeindruckte mich immens! Die Aufgaben am Dock entlockten mir nicht gerade Begeisterungsstürme, doch für den Spaß mit Alfonz war ich zu vielem bereit!

Ich war so glücklich wie nie zuvor! Nachts lachte ich sogar im Schlaf! Mama meint, mein Kichern und Glucksen wäre die reinste Musik in ihren Ohren gewesen. Endlich gab es Menschen außerhalb meiner Familie, die mir etwas zutrauten, die nicht nur einen Schwerbehinderten, einen dummen Krüppel in mir sahen! Und Alfonz schien meine Gedanken zu verstehen. Mit ihm konnte ich mich ohne Worte verständigen, und das, was er mir mit auf den Weg gab, waren Mut und Hoffnung und ein neues Gottvertrauen. Das Vertrauen, dass Gott keine Fehler macht und dass demzufolge auch meine Situation einen Sinn haben muss, selbst wenn ich diesen momentan noch nicht erkennen konnte.

Alfonz schwamm so oft durch meinen Nebel, bis er sich lichtete und sich ein Fenster öffnete.

Im Rahmen der Therapie musste ich gestützt Reifen zu einer Pyramide zusammensetzen. Tatsächlich lernte ich in diesen zwei Wochen aber viel mehr: Es gelang mir fortan, aus einer Siggflasche zu trinken, feste Nahrung zu kauen, mit meinem neuen Laufgerät, einem NF-Walker, zu laufen, wir übten Toilette gehen, ich schlief besser, war ausgeglichener, und mein Augenkontakt hat sich laut Therapiebericht auch verbessert.

Zu meiner großen Überraschung konnte ich nicht nur die deutschen Anweisungen der Therapeutin verstehen, sondern auch das, was sie auf Englisch mit ihren Kolleginnen sprach oder aber meinen Eltern erklärte. Das fand ich sehr interessant!

Bis dato war es mir nicht möglich gewesen, Stofftiere oder Ähnliches anzufassen, es war total unangenehm. Steffi erklärte, dies sei ein Problem der «sensorischen Integration», sprich Wahrnehmungsstörungen der Propriorezeptoren der Haut, die dazu führen würden, dass ich meinen Körper nicht oder nicht richtig spüren könne. Dies lasse sich verbessern, indem man mehrmals täglich die Handinnenflächen und die Fußsohlen mit Bürstenmassagen abhärte. Ihre Erklärung half mir sehr, diese Prozedur tapfer zu ertragen, meine «Nebeltage» zu verstehen und auch, weshalb es so garstig für mich war, Socken an- oder auszuziehen.

2005 durfte ich gleich noch mal nach Florida. Papa bekam zu diesem Zeitpunkt leider keinen Urlaub, Oma Ilse kam mit.

Diesmal durfte ich mit Ja/Nein-Karten üben. Man stellte mir eine geschlossene Frage, die ich beantworten sollte, indem ich auf die laminierte grüne Ja-Karte oder auf die rote Nein-Karte zeigte. Das funktionierte. Aber es erforderte eine Menge Geduld. Die Therapeutin vermutete, es würde aufgrund des Gehirnschadens eine Weile dauern, ehe ich die Frage begriff. Tatsache war, dass ich die Frage auf Anhieb verstand, aber leider nicht wusste, wie ich meine Hand gezielt von hier nach da bewegen sollte. Habe ich schon erwähnt, dass mein Körper bisweilen etwas störrisch ist?

2006 schloss das DHT, der Pachtvertrag lief wohl aus. Inzwischen hatte Dolphin Aid ein neues Therapiezentrum auf Curaçao gegründet, also flogen wir die nächsten Male (leider nicht jedes Jahr) in die Karibik. Dort heißt meine Therapeutin Heike, und mein Delfin ist Mateo. Mateo ist ruhiger und ausgeglichener als Alfonz. Mit ihm verstehe ich mich noch besser!

Mateo vergrößerte das Fenster, welches Alfonz mir geschaffen hatte, und fügte weitere hinzu. Von ihm durfte ich außerdem lernen, den Kopf zu wenden und immer öfter den Blick durch das «Fenster zur Straße» zu wagen. Mateo nahm mich so, wie ich bin, und signalisierte mir, dass es gut ist. Dies machte mir Mut, meine Gedanken mit anderen zu teilen, die oft so ganz anders sind, und baute mir damit eine Brücke. Ohne ihn hätte ich mich sehr viel schwerer getan, mit dem Schreiben zu beginnen.

Wir verständigten uns übrigens noch immer mit den Ja/Nein-Karten, doch Mama hatte im Lauf der Jahre die Karten auf Hosentaschenformat verkleinert und verzichtete schließlich auch noch auf die Farben. Außerdem einigten wir uns auf Handzeichen: die linke Hand bedeutete «Ja», die rechte Hand «Nein». Das funktionierte, getriggert durch die Delfintherapie, immer schneller und sicherer. Die konsequente Weiterentwicklung führte schließlich zu unserer oben beschriebenen Methode mit zehn Fingern.

2009 durfte ich erneut nach Curaçao. Meine Therapeutin Heike erwähnt in ihrem Therapiebericht, dass ich neben Deutsch und Englisch auch Französisch verstehe. Beim Abendessen wählte ich in einem holländischen Restaurant (Curaçao gehörte zu den Niederländischen Antillen und ist jetzt ein autonomer Landesteil im Königreich der Niederlande) zielsicher mein Lieblingsessen, indem ich gestützt auf die holländische Speisekarte tippte. Das war meinen Eltern allerdings erst klar, als der Teller vor mir auf dem Tisch stand.

Zwischen den Stühlen – Autismus

Es dauerte geraume Zeit, ehe mir ein Attest von Dr. Winkler, dem damaligen Chefarzt für Kinder- und Jugendpsychiatrie im Josefinum in Augsburg, die Diagnose «atypischer Autismus» bescheinigte. Jahre zuvor hatte man Mama bei einem Beratungstermin der Elecok an der Fritz-Felsenstein-Schule in Königsbrunn ganz nebenbei geraten, auch mal über das Thema Autismus nachzudenken. Doch den Begriff Autismus brachten alle nur mit dem Bild eines Asperger-Autisten in Verbindung, und dem war ich so ähnlich wie ein Apfel einer Birne. Daher dachte meine Familie nicht weiter darüber nach.

Im November 2006 hatten Mama und meine Schulbegleitung an einem Kurs für Gestützte Kommunikation teilgenommen und im Anschluss daran festgestellt, dass ich bereits schreiben konnte. Im Frühjahr 2007 versuchte Mama herauszufinden, ob und wie ich lese. Mein Interesse galt damals der Bücherreihe «Was ist was?», zumindest beim ersten Lesen. Eines Tages lasen wir «Das Gehirn». Mama bat mich, das jeweils leise gelesene Kapitel schriftlich zusammenzufassen. Diesen Gefallen tat ich ihr gerne.

Das Buch enthält auch einen kurzen Abschnitt über Autismus. Ich ergänzte meine Zusammenfassung um Aspekte, die nicht im Buch erwähnt waren.

«Bei Autisten werden weniger Informationen gelöscht», tippte ich, *«deshalb können sie leichter lernen. Dafür sind andere Dinge schwieriger.»*

Und auf die Frage, was denn schwieriger sei:

«Es macht Probleme, wahrzunehmen so wie ihr, sehr anstrengend errei-chen wir durch hohes Maß an Aufmerksamkeit Verständnis für eure Sicht der Normalität.»

Das brachte Mama zum Nachdenken. Sie bemühte das Internet und fand auf der Seite des Autismus-Verbandes eine Liste mit 77 Merkmalen, die sie staunend durchlas. (Auf der Suche nach dem betreffenden Link musste ich kürzlich feststellen, dass diese Liste inzwischen merklich geschrumpft ist, statt 77 stehen nun nur noch 40 Merkmale darauf.) Daraufhin vereinbarten wir ei-nen Termin bei Dr. Winkler, zu dem sogar Papa mitkam. Dr. Winkler diagnostizierte einen «atypischen Autismus», da ich we-der dem frühkindlichen Autismus noch dem Asperger-Syndrom eindeutig zuzuordnen war.

Ich teile mein Nichtsprechen mit vielen autistischen Zeitge-nossen ebenso wie mein Unvermögen, eine Handlung von mir aus zu beginnen. Ich muss abgeholt und mitgenommen werden, und es hängt oftmals von der Energie meiner Mitmenschen ab, ob ich mich loszueisen vermag aus meiner so anderen Welt. Dass sich mein Tag/Nacht-Rhythmus nicht immer an die offi-ziellen Regeln hält, davon kann meine Familie ein Lied mit meh-reren Strophen singen.

Harte, klare Formen, wie Lego-Duplo-Steine, zogen mich schon immer magisch an. Dabei baute ich gar keine Türme damit, sondern rührte in meiner Kiste um, die dann schepperte und klackerte. Ich liebte das kühl-bunte Plastik auf meiner Haut. Oft steckte ich die Steine in den Mund und fing an zu singen, das ergab herrlich schräge Töne, die freilich mir selbst die größte Freude bereiteten.

Ganz anders verhielt es sich mit Stofftieren, die natürlich keine klar umrissenen Konturen hatten und mich deshalb an Nebel erinnerten. Außerdem stachen die einzelnen Härchen piksend in meine sonst relativ unempfindliche Haut, und das stresste mich, da ich den Reiz nicht als Ganzes wahrnahm, sondern versucht war, die genaue Anzahl der Haare, Borsten oder Büschel zu ermitteln.

Mein liebstes Spielzeug sind mir meine eigenen Hände. Ich werde nicht müde, mit meinen Fingern zu spielen, sie zu drehen und zu wenden. Mit der Abfolge bestimmter Bewegungen meiner Finger speichere ich zugleich meine Textideen ab. Mama hat erkannt, dass ich meine Fingerspiele gerne vor größeren oder anspruchsvollen Texten treibe, und kommentiert dies gewöhnlich mit «Aha, unser Dichter ist wieder am Werk». Wenn möglich, gibt sie mir zeitnah die Möglichkeit, meine Gedanken zu tippen.

Körperkontakt kann ich durchaus genießen, wobei Massagen einen deutlicheren Reiz liefern und leichter zu ertragen sind als sanftes Streicheln. Mein Blickkontakt richtet sich nach der Authentizität und zum Teil auch dem Grad des Kennens meines Gegenübers.

Meine Ohren sind extrem geräuschempfindlich, besonders bei plötzlichen Lauten. Ich ertrage laute Schulklassen oder öffentliche Veranstaltungen, doch ich falle vor Schreck fast vom Stuhl, wenn jemand aus heiterem Himmel niesen muss. Und ich höre mühelos durch geschlossene Türen und dicke Zimmerwände. Meine Augen erfassen eine Buchseite im Ganzen, und vieles registriere ich aus den Augenwinkeln heraus. Mein Gehirn filtert kaum eine Information heraus, so dass sich die einströmenden Informationen türmen, stapeln, durcheinanderwirbeln und raufen.

09.04.2009

Uferloses Nachdenken

Gedanken kommen und gehen,
bleiben nur selten stehen,
ärgern, verfolgen und wurmen mich,
verändern sich,
suchen sich eine Gestalt,
werden zur Tat, geben Rat,
gestalten die Realität,
während diese vergeht,
treiben voran,
spornen uns an,
verheddern und verknäulen sich,
stellen vieles in Frage,
werden zur Plage oder zum Motor,
debattieren und diskutieren,
die Möglichkeiten, die vielen,
wir können sie auch verlieren,
dann fängt es von Neuem an,
und in unserem Kopf drängeln Gedanken,
die rotieren![2]

Häufig genug macht mir diese Reizüberflutung zu schaffen. Meine Sinne möchten wohl wettmachen, was mein Körper zu leisten nicht imstande ist, und laufen auf Hochtouren. Wenn es zu viel wird, dann blende ich ganz gezielt optische Signale aus und konzentriere mich auf die akustischen. Praktisch sieht das dann so aus, dass ich den Kopf auf den Tisch lege und die Augen schließe. Viele Leute meinen an den geschlossenen Jalousien zu erkennen, dass ich schlafe, und sind bass erstaunt, wenn ich später Details der Gespräche oder des Unterrichts von mir gebe.

Die Augen kann man schließen, wenn es zu viel wird, die Ohren nicht. Sie fangen an zu jucken und zu surren. Aus diesem Grund reibe ich mir die Ohren, wenn ich müde bin. Außerdem kitzeln die Gedanken an der Innenseite der Schädelkalotte, so dass ich mir den Kopf kratze.

Hinter dem gefürchteten Wort Autismus verbirgt sich meines Erachtens keine Katastrophe, sondern schlicht eine andere Art der Wahrnehmung, die zugegebenermaßen zu Komplikationen führt, solange man von Autisten verlangt, sie sollen die «normale» Sicht der Dinge erlernen, ohne selbst auch nur einen Blick auf die Schätze der autistischen Welt zu werfen. Mama vergleicht das gerne mit einem Haus: Wir sitzen alle im Haus, die Wirklichkeit befindet sich im Garten und auf der Straße vor dem Haus. Während nun 90 % der Menschen aus einem der Fenster auf die Straße blicken, schauen die 10 % Autisten hinaus in den Garten. Wer hat nun recht? Ist des einen Realität realer als die des anderen?

Da wir alle nur Bruchteile der Realität erfassen, bete ich, dass wir voneinander lernen und unsere Grenzen sprengen können, denn dann kommen wir dem Grund aller Dinge ein Stück näher. Darum lasst uns die Puzzleteile zusammenfügen. Uns fehlen dann immer noch wesentliche Facetten, da nur Gott alles kennt, doch dann haben wir eine Chance, das Bild zu erahnen.

Ein gutes Jahr nach Bekanntwerden meines Befundes schrieb ich das folgende Gedicht zum Thema Autismus:

20.07.2008

Inselhaft leben Autisten,
abgeschieden vom Festland der Gesellschaft,
aber umspült von den Wassermassen göttlicher Liebe.
Allein und doch nicht einsam;
unverstanden, aber doch verstehend.
Undenkbar anders und anders denkend.
Außergewöhnliches wahrnehmend,
als wäre es normal,

und Normales in ungewöhnlicher Weise sehend,
Schweres ist leicht und Leichtes so schwer.
Alltag ist eine Herausforderung,
aber Herausforderungen sind alltäglich.
Wenige finden Brücken,
viele keinen Weg,
noch nicht mal einen Steg.
Gibt es nur Trennendes,
oder sehen wir die Gemeinsamkeit des umspülenden Wassers?
Haben nicht alle das gleiche Ziel?
Zählen die Belastungen so viel?
Finden wir einen gemeinsamen Weg,
trotz der Mühe uns an der Bereicherung freuend?
Gott in seiner Größe
hat bestimmt keinen Fehler gemacht,
sich vermutlich viel gedacht
und gerade deshalb diese Inseln
Euch zum Geschenk gemacht!

Im täglichen Leben stolpert man freilich über jede Menge Hindernisse, denn Missverständnisse pflastern zwangsläufig den Weg:

12.05.2010

Die Qual des fatalen Missverstandenseins
begleitet meinen Weg,
geniale Gedanken finden nur selten den schmalen Steg
ins stressgeplagte Alltagsdenken,
in diese vorgedachten Welten
aus tristem Grau in Grau,
welche ich schmerzbehaftet nur von außen schau.
Autisten denken schnell und bunt,
sehen Eckiges mitunter rund,

reiben sich am Unverstandensein wund,
tun deshalb ihre Sicht nur selten kund.
Ich möchte diesen Zaun einreißen,
Hindernisse über den Haufen schmeißen,
längst überfällig euch beweisen,
es steckt auch Eckiges in Kreisen.
Diese Mauer, die muss nicht bleiben,
es gibt Stumme, die schreiben,
und Blinde, die malen.
Autisten verstehen die Sprache der Zahlen.
Es gibt Taube, die musizieren,
und Downies, die studieren.
Wir sollten mutig Inklusion probieren!
Nur wenn wir durch die Nischen und die Lücken spähen,
das Bunte in der Welt des anderen sehen,
sodann den Weg gemeinsam gehen
in respektvollem Verstehen,
so werden wir die Farbe sehen,
den Sinn und auch die Freude!

Meine Specials: fotooptisches Lesen, Synästhesie und autodidaktisches Lernen

Allen Prognosen zum Trotz verstand ich von Anfang an deutlich mehr, als meine Diagnosen vermuten ließen, und manch einer war über meinen klaren Blick erstaunt. Dennoch war kaum jemand geneigt, mir klare Gedanken zuzutrauen. Nicht wenige Therapeuten scheiterten dabei, mir Dinge beizubringen, während ich schier an ihren Zweifeln zerbrach.

«Selbst ist das Kind», dachte ich und lernte ohne fremde Hilfe lesen, um meiner Langeweile den Garaus zu machen. Als sich dann Jahre später herausstellte, dass ich bereits lesen, schreiben und rechnen konnte, waren alle erstaunt und fragten sich, wie sich das zugetragen habe. Frau Dr. Rehle bat mich, meine Lese-lernmethode ihr und ihren Studenten zu erklären.

18.05.2013: Lesen lernen à la Raphael

Wahrlich umständlich erscheint mir Eure Art zu lesen: Buchstabe für Buchstabe, Wort für Wort ... Das nimmt so viel Zeit in Anspruch, die Ihr doch meist nicht habt. Ich sehe die Seite in ihrer Komplettheit und erfasse auch deren Inhalt als Ganzes. Mein fotooptisches Gedächtnis – so nennt man das wohl – ermöglicht mir, auch zu einem späteren Zeit-punkt bestimmte Seiten nochmals abzurufen, ohne dass ich das betref-fende Buch zur Hand nehmen muss. Diese Eigenschaft kommt mir sehr entgegen, da sich meine Mobilität bekanntermaßen in Grenzen hält. Sie war es auch, die mir das Lesenlernen ermöglichte.

Ich war drei Jahre alt, als mir bewusst wurde, dass diese seltsamen Symbole, die sowohl in Büchern und Zeitschriften zu finden sind und die Schilder und sogar Gebäude schmücken, eine Bedeutung haben müssen. Das fesselte meine Aufmerksamkeit. Von dem Moment an hörte ich meinen Eltern aufmerksamer zu. Wenn meine Mutter bei-spielsweise ankündigte, wir würden nun nach Jetzendorf zur Therapie fahren, dann achtete ich auf die Ortsschilder und suchte dasjenige mit zehn Buchstaben. Dann machte ich mich daran, den einzelnen Zeichen den entsprechenden Klang zuzuordnen.

Meine Kinderbücher waren auch sehr hilfreich. Es waren solche, de-ren Seiten unterschiedliche Materialien und Strukturen enthielten. Meine Eltern dachten wohl, ich fände es spannend, die feinen, weichen, groben oder rauen Flächen zu ertasten. In Wirklichkeit interessierte ich mich nur für die Symbole und ihre Bedeutung. Nach etwa sechs Wo-chen hatte ich das Rätsel gelöst, mir war nun das Alphabet in Groß- und Kleinschreibung vertraut, und ich begann unbemerkt, aufgeschla-gene Zeitungen und Bücher im Vorbeigehen zu lesen, wenn man mich auf dem Arm trug, was relativ häufig vorkam, da ich nicht laufe, oder aber, wenn ich bei jemand auf dem Schoß saß.

Auf diese Art und Weise habe ich allerhand Literatur konsumiert, lange bevor man mir zugestand, klar denken zu können. Mein amobiler Zustand birgt viele Nachteile, bringt aber auch einen Vorteil mit sich, der da lautet: Ich habe mehr Zeit zum Nachdenken als manch anderer. Auf das Lesen möchte ich keinesfalls verzichten müssen, denn es öffnet eine Tür zu anderen Welten, es verbindet, baut Brücken und erklärt. Lesen können ist ein wertvoller Schatz, ein unermessliches Geschenk!

Auch den folgenden Text über meine Art der Wahrnehmung habe ich im Januar 2010 für Frau Dr. Rehle und Herrn Dr. Pius Thoma verfasst:

Ich sehe und höre anders als ihr, anders in Qualität und Quantität. Dies gestaltet mein Leben nicht unbedingt leichter. Der Filter zwischen bewusst und unbewusst scheint nicht richtig zu funktionieren, er verweigert mitunter seinen Dienst, so dass viel zu viele Informationen mein Gehirn durchfluten, manchmal sanft, mitunter aber heftig wie ein Tsunami. In solchen Fällen brennt eine Sicherung durch, und ich fange an zu krampfen.

Diese Flut an Informationen gewährt mir Einblick in so manches, das euch verborgen bleibt, vorausgesetzt, meine Konzentration lässt mich nicht im Stich. Es kann interessant sein, die Aurafarben wahrzunehmen und Engel live zu sehen, doch die Tatsache, diese Erlebnisse mit kaum jemand teilen zu können, ist der Freude abträglich. Es erleichtert das Lernen und das Verstehen und oft auch die Verknüpfung unterschiedlichster Bereiche zu neuen, ungewöhnlichen und genialen Gedankengängen, doch viele Mitmenschen wissen nicht um diese autistischen Eigenheiten und jammern verzweifelnd, dies könne nicht sein.

So ungewöhnlich es auch erscheinen mag, Aufgaben und Input vergrößern nicht etwa das kreative Chaos im Kopf, sondern helfen, Gedanken zu bündeln und neu zu sortieren und zwingen mich, in eurer Welt zu verweilen, während mich Phasen der Langeweile weiter in die autistische Welt hineintreiben.

Es ist immer wieder spannend für mich, eure Art zu denken zu erkunden, und bisweilen finde ich es sogar amüsant. Mathematik zum Beispiel finde ich sehr lustig. Verraten mir doch meine Freunde, die Zahlen, freiwillig das Ergebnis, während ihr umständlich mit Formeln hantiert. Worte verhalten sich ähnlich und fügen sich zu bunten Mustern zusammen, kinderleicht. Doch Grammatikregeln bereiten mir Magenverstimmung. Sie widerstreben dem anmutigen Tanz der Buchstaben und verletzen den Rhythmus der Poesie.

Während ich mit meinem störrischen Körper kämpfe, staune ich, wie mühsam ihr fremde Sprachen lernt. Manches Wissen liegt einfach in der Luft, man braucht nur zuzugreifen, es wundert mich, dass ihr dies so oft nicht seht.

Mit den sogenannten sozialen Gepflogenheiten eurer Gesellschaft komme ich nicht ganz so leicht zurecht. Höflichkeit ist nicht immer ehrlich, und dieser Mangel an Authentizität beißt sich mit den sonst so klaren Farben der Aura. Mit Inkonsequenz verhält es sich ähnlich, sie mindert die Leuchtkraft der Farben, und dies wiederum beleidigt schmerzend meine Augen. Vielen autistischen Leidensgenossen ist es auf Dauer zu anstrengend, dieses bühnenreife Schauspielertum, darum meiden sie das Glatteis zwischenmenschlicher Begegnungen.

Es dauerte eine ganze Weile, ehe ich mit Ironie etwas anzufangen wusste. Inzwischen kann sie auch mich erheitern.

Sensibilität birgt zugleich Fluch und Segen, zwischenmenschliche Störfelder vermögen mich stärker zu erschüttern als andere, und das nicht nur auf der psychischen Ebene. Meine Familie staunt immer wieder über den direkten zeitlichen Zusammenhang zwischen Kummer und tatsächlichen körperlichen Beschwerden.

Ein fotooptisches Gedächtnis ist in vielen Bereichen praktisch. Es beschleunigt den Lesevorgang ungemein, da ich die Seite im Ganzen erfasse, und hilft beim Erinnern. Dies mache ich mir auch beim Erlernen von Sprachen zunutze. Mama kann Gebrauchsanweisungen nicht gut leiden, ich hingegen schätze den unmittelbaren Vergleich möglichst vieler Fremdsprachen, selbst wenn die Übersetzungen bisweilen zu wünschen übrig lassen. Auch das Sprachengewirr auf Flughäfen finde ich sehr inspirierend.

Wir waren gerade auf Curaçao, als ich meinen Eltern eine weitere autistische Eigenart gestand. Ich nehme kaum die konkreten Gesichtszüge und die Mimik der Leute war, für mich sehen Gesichter aus wie mit einem Weichzeichner bearbeitet. Die Konturen sind verwischt und relativ unwichtig für mich. Weit mehr erfahre ich aus dem Energiefeld, welches Mensch und Tier umgibt. *«Sehe Lichtfarben um die Menschen, wenn Löcher darin sind, ist derjenige krank»*, tippte ich, auf der Strandliege sitzend, als sich Mama erkundigte, warum ich zuvor ein Gebet für einen älteren Herrn in unserer Nähe geschrieben hatte.

«Willst du sagen, dass du die Aurafarben siehst?», fragte Mama erstaunt. Ich beschrieb ihr ihre Farben und die unserer Familie. Ein paar Wochen später hatten wir Besuch von einem ebenfalls autistischen, FC-schreibenden Mädchen. Mama fragte auch sie nach den Farben und bekam exakt die gleichen Farben genannt. Neugierig geworden, befragte Mama in der Folge alle Autisten, die ihr begegneten, nach den Farben. Das amüsierte mich. Das Ergebnis ihrer «Studie» war, dass zwar nicht alle Autisten die Aurafarben erkennen können, aber doch deutlich mehr als Nicht-Autisten.

Wenn sich Sinnesempfindungen mischen, so spricht man von Synästhesie. Ich schmecke Melodien und fühle die Farben. Ich liebe Musik, allerdings trifft nicht jeder Stil meinen Geschmack. Es gibt Stücke, die tatsächlich bitter oder versalzen schmecken, während andere ähnlich süchtig machen wie Schokolade.

Ich liebe gute Musik, doch es bedarf einer vernünftigen Dosierung, sonst bin ich übersättigt und leide unter der Reizflut. Mit den Farben verhält es sich ähnlich. Die Dosierung und Mischung der Pigmente trägt wesentlich zu ihrer Bekömmlichkeit bei. Ne-

onfarben fühlen sich quietschsauer und piksend an, Braun hat
eine erdig-krümelige Konsistenz mit nussigem Nachgeschmack.
Schwarz stimmt depressiv, und Gelb lässt lachen. Mich wundert, dass es noch keine Michelin-Sterne für Maler und Kom-
ponisten gibt.

Ich rede schriftlich!

Es gibt ein Davor und ein Danach in meinem Leben. Fein säu-
berlich getrennt durch die Worte «Facilitated Communication»
(FC), die so viel bedeuten wie «Gestützte Kommunikation» und
die es mir ermöglichen, Ihnen meine Geschichte zu erzählen.
Ich bin auf Hilfe angewiesen, so viel wissen Sie nun schon.
Nicht ab und an oder für bestimmte, schwierige Handgriffe.
Nein, ständig und für Banalitäten, denn mein Körper ist störrisch und widersetzt sich beharrlich meinen Befehlen. An dieser
Sturheit vermag das Gestützte Schreiben nun auch nichts zu
ändern, doch es bietet mir die Möglichkeit zu fragen, zu bitten
und zu erklären – und somit gibt es mir ein Stück Menschen-
würde zurück.

2006 wurde ich in eine G-Schule (Förderschule für geistig Behinderte) eingeschult. Im November absolvierten Mama und
meine damalige Schulbegleitung eine Fortbildung zum Thema
Gestütztes Schreiben. Mama kam nach Hause und berichtete
mir davon. Das weckte große Hoffnungen in mir!

Da wir noch keine Schreibtafel besaßen, versuchten wir es
handschriftlich. Mama «bastelte» mir einen Buntstift in die
Hand und bat mich, Buchstaben zu schreiben, während sie meinen Arm stützte. Dies half, meinen Arm besser zu spüren. Auf
diese Weise malte ich die Buchstaben meines Namens – kreuz
und quer über das Blatt verteilt.

An den darauffolgenden Tagen zeichneten mir Mama und
meine Schulbegleitung Hilfslinien auf, und ich durfte Dinge wie

«Auto fahren» oder «Klavier spielen» schreiben. Das machte so viel Spaß! Endlich Licht am Ende des Tunnels und die Chance, die Nebelwand zu durchbrechen. In mir begann die Hoffnung zu keimen, dass man auch mich bald verstehen und ernst nehmen und akzeptieren würde.

Mitte Dezember hatte ich endlich eine Holztafel. Darauf waren neben dem Alphabet auch die wichtigsten Satzzeichen, eine Leertaste und jeweils ein Feld für Ja und Nein. Wir hatten Besuch, und da Hannah mit unseren Cousins durch das Wohnzimmer tobte, konnte sie mir die Tafel nicht streitig machen. Die Gelegenheit war also günstig. Mama meinte, auch ich könne die Buchstaben und das Schreiben lernen, wir müssten nur fleißig üben. Sie bat mich, das Wort Feuer zu tippen, weil Papa gerade den Kamin anzündete. Das war meine Chance, endlich zu zeigen, was ich schon konnte. Ich dachte nicht daran, das Wort Feuer zu schreiben. *«Delfin mag ich hin»,* tippte ich stattdessen, und: *«Schreiben ja mache ich!»*

Im Verlauf des Nachmittages wurde den anwesenden Erwachsenen wohl klar, dass ich das Schreiben nicht erst lernen musste, sondern bereits konnte. Das warf natürlich Fragen auf bezüglich meiner Schule, deren Lehrplan nur wenige Buchstaben und Zahlen pro Schuljahr vorsah.

Besagte Buchstabentafel ersetzten wir schon bald durch ein Gerät, das AlphaSmart 3000 hieß. Es handelte sich um eine kleine, batteriebetriebene Computertastatur mit einem Minidisplay von vier Zeilen. Der AlphaSmart war handlich, transportabel, verfügte über eine automatische Speicherfunktion und war ständig kaputt. Im Lauf der Jahre habe ich drei solcher Geräte aufgearbeitet. Dann bekam ich ein Netbook und genoss den Luxus, meine Gedichte im Ganzen betrachten zu können. Leider hielt der Akku nicht den ganzen Tag durch, und wenn ich mich spontan äußern wollte, dann dauerte es Ewigkeiten, bis der Computer hochgefahren und das Programm geöffnet war.

Mittlerweile tippe ich meine Texte auf einem iPad. Ich genieße die mögliche Spontanität, während Mama die fehlende USB-Schnittstelle beklagt.

Beim Stützen geht es im Wesentlichen um zwei Aspekte. Der Körperkontakt hilft mir, meine Extremitäten deutlicher zu spüren, die mir an manchen Tagen pelzig oder nicht existent erscheinen; dadurch lassen sich feinmotorische Bewegungen besser durchführen.

Der zweite, nicht weniger wichtige Punkt ist eine emotionale Stütze, die nonverbal sein kann, aber keinesfalls fehlen darf. Aus diesem Grund ist die Chemie zwischen Schreiber und Stützer so wichtig! Zweifelt der Stützer an der Methode, an mir oder gar an sich selbst, dann verwirrt mich das so, dass gar nichts mehr funktioniert. Zweifel verletzt die zarten Gedankengebilde und stört den sensiblen Tanz der Worte!

Wer stützen will, braucht Mut, Vertrauen und Empathie. Mit Menschen, die mich nicht leiden können oder die mich auf die Probe stellen wollen, kann und will ich nicht schreiben, selbst wenn sie die Technik perfekt beherrschen. Dafür gelingt es mit völligen Laien, sofern sie mir vertrauen. Je größer das gegenseitige Vertrauen, umso leichter fällt es, und umso deutlicher gelingen mir überzeugende Beweise. Zunächst läuft es meist holprig, dann immer zügiger. Das ist wohl wie bei einem Tanzpaar, das sich anfangs häufiger gegenseitig auf die Zehen tritt und mit entsprechender Übung und Eingespieltheit zunehmend weniger.

Ich habe inzwischen mit sehr vielen, völlig unterschiedlichen Personen geschrieben. Zum Teil habe ich mit verschiedenen Stützern an einem Text gearbeitet, ohne dass man später in der Lage war, die genaue Schnittstelle zu erkennen. Ich kann Ereignisse berichten, von denen der Stützer nichts wissen konnte. Doch es ist schwer, in einer Sprache zu schreiben, die dem Stützer überhaupt nicht geläufig ist, oder Mathematikaufgaben zu lösen, die den Stützer in Panik versetzen, da sich seine Unsicherheit eins zu eins auf mich überträgt und mir die emotionale Stütze raubt.

Solche Momente lähmen mich regelrecht und bewirken einen Rückzug in meine Welt. Ich weiß die Antwort, doch sie findet dann keinen Weg von mir in Eure Welt. Wie gesagt: Schreiben ist meine Brücke in Eure Welt, mein Tor zur Freiheit. Trotzdem schreibe ich nicht mit jedem. Da ist sie also wieder: meine autistische Sturheit. Über diesen Schatten konnte ich leider noch nicht springen. Das macht das tägliche Leben natürlich nicht einfacher, und Mama hat es zeitweise hart getroffen, gerade anfangs, als man ihr streckenweise nicht glaubte.

2. Schweres ist leicht und Leichtes so schwer!

Angesichts meiner Behinderung ist manches anders als gewohnt. Das Normale wird zu Besonderem, während mir manches Schwere erstaunlich leichtfällt. So ist es auch nicht verwunderlich, dass meine Schullaufbahn einer Achterbahn gleicht mit Höhen und Tiefen, emotionalen Loopings, Beschleunigungen und Spurwechseln. Überzeugen Sie sich selbst.

Auf Umwegen – meine Schullaufbahn

Mein Kindergarten war die SVE (Schulvorbereitende Einrichtung) der Förderschule. Morgens holte man mich mit dem Bus ab, mittags brachte man mich scheinbar fröhlich wieder. Mir gefiel das Zusammensein mit den anderen Kindern, doch eine Herausforderung stellte der Kindergarten nicht dar. Man gab sich große Mühe, die Anregungen der Delfintherapie umzusetzen. Leider unterschätzte man meine Auffassungsgabe, so dass ich wie alle Kinder der SVE zurückgestellt wurde und ein Jahr länger auf die Schule warten musste.

Als es dann 2006 so weit war, war die Schule eigentlich nicht bereit, mich zu nehmen, und falls doch, so nur mit einer Schulbegleitung. Man empfahl die Fritz-Felsenstein-Schule in Königsbrunn, das ist eine große Einrichtung für Körperbehinderte mit drei unterschiedlichen Lehrplänen. Für mich wäre aber nur derselbe Lehrplan vorgesehen, der auch an der G-Schule in Aichach unterrichtet wurde. Zudem käme dort eine Schulbegleitung nicht in Frage. Meine Eltern wägten ab: fünf Minuten Schulweg und Einzelbetreuung an einer G-Schule gegen eineinhalb Stunden Busfahrt einfach ohne Schulbegleitung an einer K-Schule bei identischem Stundenplan – und entschieden sich für die erste

Variante. Sie beantragten die Genehmigung einer Schulbegleitung, bekamen dann aber bei der Schuleinschreibung zu hören, dass die Schulleitung das nun doch nicht für mich wolle, weil auch ein anderes Kind in meiner Klasse eine Individualhilfe brauche. Man wolle nicht über die Finanzen des Sozialamtes entscheiden, so die Begründung. Über die Finanzen des Sozialamtes solle bitteschön das Sozialamt selbst entscheiden, gab meine Mutter zur Antwort. Es könne ja nicht sein, dass eine Begleitperson für meine Schuleinschreibung erst Grundbedingung und kaum vier Wochen später nicht mehr erforderlich sei.

Was soll ich sagen? Es war nicht leicht, aber ich bekam eine Schulbegleitung, und was für eine nette! Wir lernten Vera im Vorfeld kennen, und ich verstand mich auf Anhieb prächtig mit ihr. Leider wollte die Lebenshilfe [die Lebenshilfe e.V. ist der private Trägerverein der Aichacher Förderschule] ihre Anstellung nicht übernehmen, so dass meine Eltern selbst zum Arbeitgeber wurden, denn ihnen war klar, dass das Team Schüler und Schulbegleitung harmonieren muss, wenn es Sinn machen soll. Das war Premiere in Aichach, denn bisher waren alle Schulbegleitungen bei der Lebenshilfe engagiert gewesen.

Der erste Schultag kam und brachte alles mit sich, was ein erster Schultag so braucht: aufgeregte Eltern und Schüler, der gemeinsame Besuch des Klassenzimmers, jede Menge Fotos und natürlich eine große Schultüte. Ich war so stolz! Endlich ein Schulkind! Ich konnte es kaum erwarten, lernen zu dürfen.

Leider wurde meine Vorfreude rasch gebremst durch das enorme Schneckentempo. Ich war dennoch motiviert, meine Hausaufgaben zu erledigen. Zu Beginn des Schuljahres waren dies zumeist Malübungen von Buchstaben oder Zahlen. Mama oder Vera halfen mir, den Stift zu halten, und führten meine Hand (der Kurs für Gestützte Kommunikation fand erst Mitte November statt). Es kam jedoch immer wieder vor, dass die Lehrerin keine Hausaufgabe für mich hatte. Sie finde es überflüssig, bekam Mama zu hören, als sie in der Sprechstunde nachfragte.

Ein Kind wie ich würde sowieso nie lesen lernen, da waren sie und ihre Kolleginnen sich einig.

Das nahm ich ihnen tatsächlich übel! Zu diesem Zeitpunkt konnte ich bereits lesen, schreiben und rechnen. Ich konnte es nur noch niemandem zeigen.

Mama wusste es auch noch nicht, sie kam kopfschüttelnd nach Hause und beschloss: «Dann üben wir das eben zu Hause!»

Und während ich mich zu Hause hochmotiviert zeigte, gerade bei schweren Aufgaben, bekamen Lehrer und Mitschüler das Gegenteil zu spüren. Dies hatte zwangsläufig völlig unterschiedliche Sichtweisen meiner Person zur Folge. In der Schule wähnte man mich überfordert und langweilte mich mit immer noch leichteren Aufgaben, während Mama und Vera mich mit schwereren Aufgaben herausforderten und begeisterten.

Spätestens als ich nach besagtem Stützerkurs mit beiden mit dem Schreiben begann, wurde es schwierig für Mama. Sie wurde etikettiert: «Hysterische Mutter» stand auf dem Schild. Es könne nicht sein, dass ein schwerbehindertes Kind schreibt, und das, bevor das Alphabet richtig besprochen worden ist. Aber man würde der Sache nachgehen und mich testen. Mama konterte, sie könne sich das auch nicht erklären, aber es sei nun mal Tatsache, dass ich schrieb. Man solle mir daher unbedingt eine Chance geben und es mit mir probieren.

Womit sie nicht gerechnet hatte, war, dass ich nicht mit jedem schreiben kann oder will. In meiner gekränkten Eitelkeit entschied ich mich, mit völligen Laien zu schreiben, aber die Profis zu ignorieren, und das besonders, wenn sie kein Vertrauen in mich hatten und mich erst auf die Probe stellen wollten. Das war reichlich unklug von mir und verkomplizierte die Dinge unnötig. Aber es ging einfach nicht. Durch mein Verhalten wurden die Lehrer natürlich in ihrer Sichtweise bestätigt, so viel ist mir im Nachhinein klar.

Innerhalb von drei Wochen wurden aus einzelnen Worten ganze Sätze. Mama erkannte deutlich, dass ich in der Schule nicht über-, sondern unterfordert und maximal gelangweilt war. Kurz vor Weihnachten fasste sie Mut und sprach mit dem Rektor der Aichacher Grundschule. Ob er sich denn vorstellen könne, für einzelne Stunden einen Gastschüler aufzunehmen? Ja, das wolle er gerne tun, aber er müsse sich erst mit der Lehrkraft besprechen.

Als eine positive Antwort kam, wäre ich vor Freude am liebsten in die Luft gesprungen, hätte mich mein körperlicher Zustand nicht an den Rollstuhl gefesselt. Zweimal in der Woche zwei Stunden! Wow! Was für ein Weihnachtsgeschenk! Die Grundschule erkundigte sich vorsichtig nach den Fächern, ob auch Mathematik möglich sei. Mama versprach, abzuklären, ob ich auch die Zahlen verstünde.

Der nächste Tag war ein Samstag, der letzte vor Heiligabend, und Papa war unterwegs, seine Weihnachtseinkäufe erledigen. Mama fragte mich die Zahlen ab. Man konnte die Einlage der Schreibtafel umdrehen, dann hatte man die Zahlen 1 bis 9 statt der Buchstaben sowie die Symbole der Grundrechenarten zur Verfügung. Nachdem ich alle Zahlen richtig gezeigt hatte, wagte sich Mama an Addition und Subtraktion, später an Multiplikation und Division, freilich denkbar einfach mit natürlichen Zahlen von 1 bis 10. Ihr Erstaunen war maßlos. Sie griff zum Telefonhörer, um Papa anzurufen, der hörte sich alles an und meinte: «Du spinnst!» Abends durfte er sich schließlich selbst von meinen Mathekenntnissen überzeugen.

Am 1. Februar 2007 war es dann so weit: Ich wachte auf und tippte noch vor dem Frühstück: *«Wisst ihr, dass ich heute in eine richtige Schule darf?!»*

Die Förderschule war selbstredend wenig begeistert, man hielt mich ja noch lange nicht für so weit.

Ich war so glücklich! Endlich ein Hauch von Normalität! Endlich Lernstoff in einem akzeptablen Tempo! Und gesunde Kinder, die mir ihre nicht autistische Sicht spiegelten und mich damit davor bewahrten, selbst immer wieder in meine Welt abzudriften.

Frau Bauer nahm mich reizend in die Klasse auf, ich bin ihr so dankbar! Doch wie so viele setzte sie sich selbst unter Druck, indem sie meinte, Extraprogramm für mich machen zu müssen. Es ist nicht leicht, einen Autodidakten zu unterrichten: Er lernt entweder von allein oder gar nicht. Ich für mich hatte keinerlei Bedürfnis nach Sonderbehandlung oder Intensivstunden, im Gegenteil: Ich wollte einfach nur dabei sein und so viel Zeit wie nur möglich unter gesunden Kindern verbringen. Diese Stunden an der Regelgrundschule waren mein Highlight der Woche, und ich bin Frau Bauer und Rektor Jung maximal dankbar für diese Chance!

Von Woche zu Woche wurden meine Sätze länger, sie zeichneten sich durch einen typisch autistischen Satzbau und jede Menge Wortneuschöpfungen aus. Mama kaufte einen Alpha-Smart 3000 für mich, das ist dieses bereits erwähnte Schreibgerät, bestehend aus einer Tastatur und einem Display von vier Zeilen. Sie sagte, meine Formulierungen seien zu speziell, die könne sich keiner merken.

Der AlphaSmart hatte gegenüber der Schreibtafel einen entscheidenden Vorteil: Er speicherte das Geschriebene automatisch ab, der Stützer musste nicht mit- oder hinterherschreiben.

Auch im Rechnen erstaunte ich meine Eltern. Bis Februar stellte mir Mama Erstklass-Rechenaufgaben mit natürlichen Zahlen, die ich fragwürdig einfach fand. Meine kleine Schwester Hannah, damals gerade vier, kam mir zu Hilfe: Sie tippte eine Aufgabe auf der Holztafel und fragte mich nach dem Ergebnis. Da sie selbst noch nicht rechnen konnte, achtete sie nicht auf ein Ergebnis mit natürlichen Zahlen. «Raphael, was ist 5 : 2 = ?», fragte sie also und bezog Schimpfe von Mama. Ich freute mich und tippte: «2,5». Hannah fand Gefallen an dem Spiel und Mamas Staunen und fragte weiter: «Und 1 : 4 = ?» – «0,25», tippte ich grinsend.

Anfang April kam Mama auf die Idee, mich Aufgaben selbst erfinden zu lassen, um zu sehen, was mich gerade beschäftigte. Heraus kamen Minuszahlen. Auch Quadrat- oder Kubikrechnungen mit Komma- oder Minuszahlen beschäftigten mich.

Eines Tages war ich so leise, dass ich spontan den ganzen Vormittag in der Grundschule Aichach-Nord bleiben durfte. Ich war so stolz, dass ich beinahe geplatzt wäre! Das musste ich natürlich prompt meiner Oma Rosi erzählen. Ich tippte «BÄN» auf der Holztafel, und Oma war glatt überfordert. Mama hakte nach, als sie nach Hause kam. «Been at Nordschool», erklärte ich, und sie verstand: Ich hatte meine Aussage ins Englische übersetzt, davon die Lautschrift genommen und diese abgekürzt.

Die Sache mit den Abkürzungen probte ich noch ein paarmal und sehr gerne mit Oma, weil sie immer so schön irritiert war, etwa als ich mich nach Papas Jugendstreichen erkundigte: «WVPW» (Will viel über Papa wissen). Leider war dieses Vergnügen von kurzer Dauer, denn Oma war so verunsichert, dass sie bald nicht mehr mit mir schrieb.

Ende des Schuljahres kamen zwei Experten in Sachen Autismus und Hochbegabung, um mich zu beurteilen. Leider erwischten sie für den Unterrichtsbesuch einen denkbar ungünstigen Tag, ich hatte Schmerzen und hatte vor Aufregung die ganze Nacht nicht geschlafen.

Mittags berichtete ich Mama:

«Aufgeregt verbrachte ich sehr passiert schmerzhafte Zeit in der richtigen Schule. Die beiden Männer sagen in vielem sagenhaft sehr interessante Dinge und stellen viele Fragen. Finde sie sehr nett, kann nicht sagen, was sie von mir halten. Sage Ihnen bitte, dass es mir heute gar nicht gut ging, weil starke Zahnschmerzen mich geplagt haben. Ich bin sehr intensiv willig, leise zu sein und mitzumachen. Brauche bitte ihre Hilfe, gerne will ich ganz auf eine richtige Schule, baldmöglichst!!! Danke Raphael»

Nun, es gelang mir wohl nicht, so leise zu sein, wie ich wollte. Entsprechend enttäuschend fiel das Urteil aus, und ich war todunglücklich. Immer wieder beteuerte ich meinen Wunsch nach Normalität:

«... nach Viktor Frankl muss man einen Sinn finden, um nicht in Krankheit zu erstarren. Frage mich, worin der Sinn von Langeweile besteht. Sag meinen Lehrern, dass es mir ärgerlich öde langweilig ist, besonders in der Elisabethschule. Werde versuchen, besser mitzumachen als vergangenes Schuljahr, in der Hoffnung, dass sie mich endlich verstehen, wünsche mir jedoch sehnlichst, auf eine normale Schule gehen zu dürfen.»

Bei der großen Gesprächsrunde mit beiden Schulrektoren, beiden Klassleiterinnen, den beiden Herren und der Schulbegleitung stand Mama dann wohl ziemlich einsam da, zumal die Schulbegleitung sich künftig um ein anderes Kind kümmern wollte und, wie sich erst jetzt herausstellte, bereits einen Vertrag bei der Lebenshilfe unterzeichnet hatte.

Die Meinung der Förderschule war, ich müsse erst noch lernen, leiser zu sein, ehe ich auf die Regelschule wechseln könne. Tatsächlich war ich aber in der Regelschule deutlich leiser als in der Förderschule, in welcher ich meist aus Frust und Langeweile sang. Man argumentierte auch, dass die Förderschule einen geschützten Rahmen biete, in dem die Behinderten unter sich seien und nicht angestarrt würden. Mama zitierte meine Antwort zu dem Thema: *«Bin bunter Hund, werde es auch bleiben. Ich will nicht in einem Ghetto leben!»*

Wie gesagt, das Gespräch war schwierig und zehrte an Mamas Nerven und meinen Hoffnungen. Dennoch durfte ich weiterhin die Grundschule besuchen, wenn auch nicht so vollständig, wie ich gehofft hatte.

Mit Abkürzung – der Sprung ins Gymnasium

Im Herbst 2007 wurden aus Sätzen Gedichte. Mama zeigte sie Rektor Jung, und sie überlegten gemeinsam, was zu tun sei, da mir vermutlich die zweite Klasse schnell zu langweilig würde. «Also, die dritte Klasse macht nicht viel Unterschied», meinte Rektor Jung. «Und die vierte tun wir uns besser nicht an, da sind alle Eltern nervös wegen dem Übertritt. Wie wäre es, wenn Sie sich an die Staatliche Schulberatung wenden? Vielleicht kann Raphael ja gleich in die fünfte wechseln.»

Nun ja, fragen schadet nicht, dachte Mama und fuhr mit mir nach Augsburg.

Herr Kamm war das Beste, was mir damals passieren konnte, da er mit dem Thema Hochbegabung vertraut ist, Ahnung von Autismus hat und sich für Inklusion einsetzt. Hilfreich war sicherlich, dass er schon Veronika Raila kannte, die mir ähnlich, aber aufgrund ihres Alters ein Stück des Weges voraus ist.

Herr Kamm hörte sich interessiert meine Geschichte an, las ein paar meiner Texte und stellte mir dann Fragen, die ich gerne beantwortete. «Raphael, du gehörst auf das Gymnasium, und zwar bald», befand er und versprach, mit Herrn Haunschild, Rektor am Deutschherren-Gymnasium in Aichach (DHG), zu sprechen, was er auch tat. Seitdem hat Herr Kamm meine schulischen Höhen und Tiefen begleitet, in Krisenzeiten vermittelnd eingegriffen, die Lehrer des Gymnasiums in Sachen Autismus und Inklusion fortgebildet und aufmerksam meine Entwicklung verfolgt.

Frau Jakob, die Schulpsychologin des Deutschherren-Gymnasiums, kam uns besuchen. Sie stellte den Kontakt zu den Lehrkräften und Rektor Haunschild her. Herr Haunschild zeigte sich erfreulich offen für das Experiment, ein schwer mehrfachbehindertes Kind aufzunehmen. Das hat mich gerettet. Ich bin ihm extrem dankbar dafür!

Der Plan sah jede Woche zwei Stunden Deutsch bei Frau Dollinger und eine Stunde Englisch bei Frau Schöffer vor. Mama unterhielt sich vorab mit den Lehrkräften und bereitete eine Stunde lang die Klasse auf mich vor. Beim Elternabend wurden die Eltern informiert. Um «Stress zu vermeiden», empfahl Herr Kamm, mich von der Prüfungspflicht befreien zu lassen. Ein entsprechendes ärztliches Attest sorgt seitdem dafür, dass ich während Prüfungssituationen das Klassenzimmer verlasse. Diese Lösung mindert den Stress auf mehreren Seiten.

So kam es, dass ich im zweiten Halbjahr der zweiten Klasse parallel drei Schulen besuchte: weiterhin die Stunden in Aichach-Nord, Deutsch und Englisch im Gymnasium und die restlichen Stunden in der Förderschule. Der Unterricht am Gymnasium rettete regelmäßig meine Woche, ich fand das einfach «obergut»! Leider machte mir mein Gesundheitszustand immer mal wieder einen Strich durch die Rechnung, und die Aufregung tat ein Übriges dazu; dann war der Kummer groß. Frau Dollinger erkannte meine Not und erlaubte mir, in jede ihrer Stunden kommen zu dürfen, sofern ich fit war.

Mein drittes Schuljahr war wiederum bunt gemischt. Deutsch, Französisch und evangelische Religion (wegen Frau Dollinger) in der sechsten Klasse Gymnasium, katholische Religion in der Grundschule, die restlichen Stunden in der Förderschule. Letzteres fand ich zunehmend «ätzend». Zum Erstaunen der Schulbegleitung, zu diesem Zeitpunkt Elisa, und zum Entsetzen meiner Mutter zeigte ich meinen Widerwillen immer deutlicher in Form von Krankheitssymptomen: Bauchweh, Zahnschmerzen, Fieber und epileptische Anfälle «auf Kommando», sobald wir uns dem Gebäude der Elisabethschule näherten.

Meine Verweigerung der Schule war nicht generell, im Gegenteil: in Grundschule und Gymnasium arbeitete ich begeistert mit. Meine Familie verstand Gott sei Dank meinen verzweifelten Hilfeschrei. Ein psychologisches Gutachten erwirkte mir eine Freistellung von der Förderschule. Dies bewirkte in der Folge eine Reihe leerer Zeugnisformulare der Elisabethschule mit dem freundlichen Vermerk, der Schüler habe am Unterricht nicht teilgenommen, und ein Schreiben des Deutschherren-Gymnasiums, welches bestätigte, dass ich mich durchaus zum Wohl der Klasse an diversen Fächern beteiligt habe, soweit mein Gesundheitszustand dies zuließ.

Im Gymnasium gibt es fächerübergreifende Projekte. Thema der sechsten Klasse war die Fabel, welches in Deutsch, Französisch und Kunst aufgegriffen wurde. Im Rahmen dieses Projektes wurde auch die folgende Fabel «Der Fuchs und der Rabe» von Jean de La Fontaine besprochen:

Der Fuchs und der Rabe

Herr Rabe auf dem Baume hockt,
im Schnabel einen Käs'.
Herr Fuchs, vom Dufte angelockt,
ruft seinem Witz gemäß:
«Ah, Herr Baron von Rabe!
Wie hübsch Ihr seid, wie stolz Ihr seid!
Entspricht auch des Gesanges Gabe
dem schönen schwarzen Feierkleid,
seid Ihr der Phönix-Vogel unter allen!»
Der Rabe hört's mit höchstem Wohlgefallen.
Lässt gleich auch seine schöne Stimme schallen.
Da rollt aus dem Rabenschnabel der Fraß
dem Fuchs ins Maul, der unten saß.
Der lachte: «Dank für die Bescherung!
Von mir nimm dafür die Belehrung:
Ein Schmeichler lebt von dem, der auf ihn hört!
Die Lehre ist gewiss den Käse wert.»
Der Rabe saß verdutzt und schwor:
Dies käm ihm nicht noch einmal vor!

Jean de La Fontaine (1621–1695)

Mir gefiel die Geschichte, jedoch nicht die Formulierung, also schrieb ich sie kurzerhand um. So entstand das folgende Gedicht:

«Von Fuchs und Rabe», meine Variante (16.03.2009):

Ein Rabe saß freudig auf dem Baume,
da kam der Fuchs, der Schlaue,
angelockt vom Käseduft,
und starrt listig in die Luft.
Wie macht man es, dass der Käse fällt,
den der Rabe dort im Schnabel hält?
Er wählt die Worte mit Bedacht,
als er ihm Komplimente macht.
Der Rabe hat es gern gehört,
war regelrecht betört.
Unbedacht hob er zur Antwort an,
als der Käse purzelnd eine Landung nahm
im hungrigen Maul des Schmeichlers.
Der bedankte sich recht schön
und ließ den Raben einfach stehen.
«So kann es gehen,
Schmeichelei kommt einen teuer zu stehen,
wenn man sich nicht konzentrieren kann.»
Der Rabe schluckt schwer
an dem entschwundenen Schmaus,
lernt so manches daraus,
und nun ist diese Fabel aus.

Etwa zeitgleich entstand das folgende Gedicht über den Löwen, welches neben einer Reihe weiterer Gedichte 2009 in der Anthologie «Waldwege» des Literaturpodiums, Engelsdorfer Verlag, gedruckt wurde:

Käme ein Löwe hier vorbei,
stolz und mächtig,
erhobenen Hauptes und prächtig,
uns wäre gar nicht wohl,
die Angst packte uns ganz roh.
Neben all dem Staunen
dächten wir voll Grauen
an seinen großen Appetit
und wie man ihm entflieht,
damit nichts Ärgeres geschieht.
Und während wir nun daran denken,
wie man schnellstens flieht,
steht er gefräßig da und sieht
der möglichen Beute gelassen zu,
klug und berechnend,
wissend, dass er schnell ist und gefährlich,
tapfer und herrlich!

Das Jahr darauf fiel auch die Grundschule weg, dafür nahm ich an deutlich mehr Fächern in der siebten Klasse teil. Das Schuljahr begann also höchst erfreulich, und ich hatte erstmals das Gefühl, so richtig dazuzugehören. Da das Pendeln zwischen den Schulen wegfiel und mir mehr Unterrichtsstunden zur Verfügung standen, war ich deutlich entspannter und somit auch leiser. Meine Mitschüler nahmen mich nun als Klassenkameraden wahr und nicht mehr nur als den exotischen Gast, der sich einzelne «schöne» Fächer herauspickte.

In Englisch durfte ich ein Referat halten. Ich wählte das Thema «Mayflower and the Pilgrim Fathers» und schrieb es in Gedichtform nieder. Sarah, meine Schulbegleitung, war freilich erstaunt, dass sie englische Poesie vortragen durfte.

Mein Höhenflug endete ziemlich abrupt, als ich Ende Oktober 2009 ins Krankenhaus kam. Meine linke Hüfte war luxiert und musste rekonstruiert werden. So bald wie möglich wollte ich in die Schule zurück, denn abgelenkt und beschäftigt lassen sich Schmerzen leichter ertragen. Man hatte mir eine Gipsschiene verpasst, von den Rippen abwärts bis zu den Zehen, mit einem Besenstiel dazwischen. Mit diesem blauen Panzer konnte ich natürlich nicht sitzen, sondern musste den Tag in einem Liegerollstuhl zubringen.

Dieser Liegerolli war maßgeschneidert: Wenn man den Griff herunterklappte, passte er haarscharf in den Lift der Schule (die Gipssohlen stießen an die gegenüberliegende Lifttür). Ich war so froh!

Es war Mitte November, und ich wollte endlich wieder in die Schule! Ich war hochmotiviert, trotz Schmerzen – oder gerade deswegen – meine Aufgabe zu erfüllen. Leider hatte ich die Rechnung ohne meine Lehrer gemacht, denn ein «frisch» operiertes Kind in diesem liegenden Zustand ... das erschien ihnen mehr als suspekt!

Mama wurde zum Gespräch gebeten. Wieder einmal hatte sie das schwere Los, meine ungewöhnlichen Wünsche anderen nicht verdeutlichen zu können. Sechs Wochen wurde ich zwangsbeurlaubt, die Höchststrafe in meinen Augen! Mama erklärte mir das positive Ansinnen der Schule und versuchte mir die Ruhepause so schmackhaft wie möglich zu machen. Bei jedem anderen Schüler wäre dies wohl ein Leichtes gewesen, aber ich bin nun einmal anders als andere Schüler, ich fühlte mich komplett missverstanden und war todunglücklich! Vor Langeweile wäre ich schier die Wände hochgekrabbelt, und Mama hatte große Mühe, ausreichend viele Bücher heranzuschaffen. Entsprechend unausgeglichen und frustriert war meine Laune, und mich quälte die Frage nach dem Warum.

Das zweite Halbjahr verlief in geregelten Bahnen, bis mit der vierten Deutschschulaufgabe Sand ins Getriebe kam. Thema dieses Aufsatzes war «Der sinnvolle Umgang mit dem Computer», für mich ein gefundenes Fressen, da ich auf die moderne Technik angewiesen bin und sie tagtäglich nutze. Da mir das Thema gefiel, strengte ich mich extra an. Ein grober Fehler, wie sich dann herausstellte. Der Lehrer traute mir den Aufsatz nicht zu, und mein Vertrauen erlitt einen tiefen Riss. *«Soll man sich nun anstrengen und sein Bestes geben oder nicht?»*, fragte ich mich irritiert und enttäuscht. *«Ich kann mich doch nicht immer verstecken!»* Den Rest des Schuljahres bewegte ich mich wie auf Glatteis, fühlte mich beobachtet und ausgegrenzt.

Seltsamerweise litt auch der Kontakt zu den Mitschülern unter dem Stress mit der Lehrkraft, und das verschlimmerte meine Enttäuschung. Ich hätte am liebsten mit der Hand auf den Tisch gehauen vor Wut und Verzweiflung. Da mir das nicht gelang, biss ich in die Tischkante und kassierte Schelte von Mama.

Anfang August waren meine Eltern bei Herrn Haunschild. Sie beratschlagten, wie das kommende Schuljahr aussehen sollte. Glücklicherweise schlug Herr Haunschild einen Wechsel in die Parallelklasse vor, somit bekam ich eine neue Chance. Weniger glücklich war ich über sein Ansinnen, meine Anwesenheit auf zehn Wochenstunden zu reduzieren. Bei meinem labilen Gesundheitszustand bliebe dann vermutlich kaum mehr was übrig. Ich machte mir große Sorgen, dass ich dann zurück auf die Förderschule müsste, um meine Schulpflicht zu erfüllen. Gerade dahin wollte ich aber keinesfalls zurück, selbst wenn es dort Therapieangebote gibt. Da ich neben Lesen und Schreiben keine Hobbys ausüben kann, können die Therapiestunden gerne den Nachmittag füllen und müssen nicht den Vormittag blockieren, wo ich doch etwas erfahren möchte von der Welt.

Ich lag nächtelang wach und betete um ein Wunder.

Der erste Schultag der achten Klasse kam, und man schickte ein hochmotiviertes Kind nebst seiner Begleitung nach Hause. Man müsse erst noch festlegen, welche Fächer ich besuchen dürfe. Wir sollten bitte nach Hause gehen und die Lehrerkonferenz abwarten.

Am zweiten Tag schickte mich Mama ins Römische Museum. Auch ganz nett, aber eben nicht meine geliebte Schule. Am dritten Tag fand endlich die Lehrerkonferenz statt. Jeder Lehrer der Klasse wurde einzeln befragt, und alle, bis auf den Sportlehrer, erklärten sich damit einverstanden, mir eine Chance zu geben. Halleluja!

In der achten Klasse fühlte ich mich spontan wohl. Doch auch dieses Schuljahr hielt Hürden für mich bereit. In den Herbstferien wurde ich wieder operiert, man entfernte den Stahl aus meinem linken Oberschenkel. Diesmal durfte ich schon bald wieder in die Schule. Leider wollte meine Schulbegleitung mich auf einmal nicht mehr stützen, so dass ich mich den Rest des Schuljahres nicht mehr aktiv beteiligen konnte. Das war echt bitter! Nun war ich wieder auf Ja/Nein-Antworten reduziert.

Meine einzige Chance, mich einzubringen, waren die Hausaufgaben. Mit der Zeit stießen auch die anderen Kinder und die Lehrer an ihre Grenzen, weil ich immer nur fertige Texte mitbrachte, aber in der Schule kein Wort zu schreiben vermochte. Die Situation war hinderlich für die Kommunikation, das Verstehen und die Integration in die Klasse. Dabei sehnte ich mich so danach!

In der neunten Klasse begleitete mich eine junge Ergotherapeutin, und ich durfte endlich wieder mehr schreiben. Es ist kaum zu beschreiben, wie erleichtert ich über jedes anfangs noch so holprige Wort war. Ich genoss die Neunte und vor allem die Tatsache, dass sie komplikationslos verlief und ich mein «Bermudadreieck November» umschiffen konnte. Einzig die Sommermonate wurden durch die erneute Suche nach einer neuen Begleitung überschattet, da Marina die Heilpraktikerschule besuchen wollte und die Schulzeiten kollidierten.

Diesmal gestaltete sich die Suche besonders schwierig. Erst eine Woche vor Schulbeginn unterzeichnete Diana den Vertrag, um ihn noch während der Probezeit wieder zu kündigen, so dass ich wieder einmal den Monat November zu Hause verbrachte. Dafür kam dann Julia zu uns, und der Rest der zehnten Klasse verlief mit ihr umso besser. Während die andern Sport hatten, durfte ich am W-Seminar der Q11 bei Frau Dollinger teilnehmen. Das Leitthema lautete «Die Lust an der Askese» im Kernfach evangelische Religion. Ich wählte das Thema «Franz von Assisi». Begeistert machte ich mich ans Werk und schoss gewaltig über das Ziel hinaus: Statt der geforderten fünfzehn Seiten hatte ich locker das Doppelte geschrieben und musste schweren Herzens kürzen. Der Part über das Mönchtum musste zugunsten der Askese weichen und die Biografie deutlich schrumpfen. Wenn der neue Papst nicht ausgerechnet den Namen Franziskus gewählt hätte, dann wären es tatsächlich fünfzehneinhalb Seiten geworden.

Nun besuche ich mit Tanja, wiederum einer Ergotherapeutin, die Q11 und schreibe erneut an einer Seminararbeit. Diesmal geht es um die Weimarer Klassik, und ich möchte das Thema «Goethe und die Medizin» näher beleuchten. Das wird gewiss spannend, denn sowohl die Dichtkunst als auch die Heilkunde streifen mein Leben.

«Ziemlich beste Freunde» – meine Schulbegleitung und Freizeitbetreuung

Es ist nicht leicht, wenn man auf Hilfe angewiesen ist und dabei noch nicht mal laut aussprechen kann, was man benötigt. Ich könnte ja antworten, aber man muss erst mal auf die Idee kommen, mich zu fragen. Meine Geduld wird oft auf eine harte Probe gestellt, und die der anderen auch. Da ich leider nicht mit jedem schreiben kann oder mir oft genug meine Spastik einen Strich durch die Rechnung macht, bleibt an manchen Tagen letztlich nur noch Gebrüll, was die Stimmung freilich nicht zu steigern vermag.

An solchen Tagen bin ich ein einziges schreiendes Stoßgebet. Die Ursachen für diese lauten Tage sind mannigfaltig und reichen von Unverstandensein über Trotz und Frust bis hin zu

Schmerzen. Das ist durchaus keine Glanzleistung. Mein Gewissen meldet sich deutlich zu Wort, und ich arbeite hart daran, dies zu ändern. Man bestätigt mir, dass es seltener wird, im Fall von Schmerzen allerdings streiche ich die Segel.

Hart sind die Zeiten, da Stützer wegfallen und ich von Neuem beginnen muss. Bei jedem Wechsel meiner Begleitung stehe ich scheinbar vor einem Abgrund. Ein schwarzes Loch scheint allen Schreiberfolg zu schlucken, und der Abschiedsschmerz stellt alles auf «Reset». Jedes Mal mache ich mir Gedanken, ob es mit der neuen Begleitung auch wieder klappt. Das tut es in der Regel, wenn auch anfangs etwas holprig. Je besser wir uns kennen lernen, umso leichter wird auch das Schreiben. Vorausgesetzt, die Chemie stimmt. Mama hat das früh erkannt und mich in die Suche mit eingebunden. Den folgenden Text habe ich 2008 für eine Zeitungsannonce formuliert:

Schulbegleitung/Inklusionshelfer/in gesucht!

«SOS,
suche oberdringend verständnisvolle Begleitung in die Schule,
Hände, die mich stützen (FC),
eine freundliche Stimme, die für mich einspringt,
jemand, der mir mehr zutraut,
jemand, der keine Angst vorm Lernen hat und mir meine nimmt,
eine Person mit einem großen Herzen für autistische Wesen wie mich,
jemand, der mir vertraut und dem ich vertrauen kann.»

Die Suche ist jedes Mal eine nerven- und zeitraubende Angelegenheit. Zeitungsannoncen, Arbeitsamt, Ergotherapieschulen … Mama macht sich kurze Notizen von den Telefonaten und legt sie mir vor. Ich darf dann auswählen, wen wir alles zu einem Gespräch einladen. Dabei ist die erste Hürde schon mal, einen geeigneten Termin zu finden, denn sowohl Mama als auch der Bewerber müssen Zeit haben, und ich sollte mich möglichst auch im Wachzustand befinden. Die Gespräche gehen regelmäßig zwei Stunden oder länger, denn es dauert einfach, das alles zu erklären. Meist kann ich schon beim ersten Besuch abschätzen, ob ich mit jemandem schreiben kann. Leider bedeutet dies nicht, dass dies umgekehrt auch der Fall ist. Mein Autismus verbietet mir mit manchen Menschen das Schreiben, und manche Menschen limitieren mich, indem sie das Stützen verweigern. Dann hilft nur erneutes Suchen und Beten.

In der Vergangenheit durfte ich die Begleitung vieler toller junger Frauen (Marina, Julia, Paula, Anna, Tanja und Kerstin)[3] genießen. Ich schätze sie sehr, und sie sind weit mehr für mich als nur meine Betreuungsperson während der Schulzeit: In meinen Augen sind sie wertvoll wie Freunde. Leider wurde mein Vertrauen auch schon hart auf die Probe gestellt. Vera erlebte die Anfänge mit, doch gegen Ende des ersten Schuljahres fing sie an, an sich und der FC-Methode zu zweifeln. Andrea traute mir nichts zu und ließ sich abwerben. Elisa brachte mir Türkisch bei. Mit ihr gelangen Gedichte und Aufsätze. Doch sie war nicht besonders interessiert am Unterrichtsbesuch und knockte mich durch zu hohe Medikamentengaben aus. Diana war nicht an meiner Meinung interessiert, sie meinte, mich nach drei Wochen gut genug zu kennen, um für mich und über mich hinweg entscheiden zu können. Sarah, eine engagierte Christin, kam nach eineinhalb Jahren auf die Idee, nicht mehr mit mir schreiben zu wollen, da man in ihrer Gemeinde überzeugt war, dies sei eine Krücke und wir sollten sie weglassen, damit Gott ein Wunder tun könne …

Das war hart für mich! Ich weinte, jammerte, flehte und schrie drei Nächte zu Gott, aus Sorge, Mama würde es ihr gleichtun. Gott sei Dank gab mir Mama Rückendeckung. Sie sagte, sie sei überzeugt, dass Gott auch heute noch Wunder tue. Aber dann, wenn er wolle, und nicht unbedingt dann, wenn wir es ihm vorschreiben. Und bis dahin könne es nicht christlich sein, einem Menschen die einzige Kommunikationsquelle zu rauben!

Mir fielen Hinkelsteine von der Seele! Dennoch war ich den Rest des Schuljahres zur Passivität verurteilt, und die Nerven lagen blank.

Während Mama sich täglich um die konkreten Dinge kümmert, landet sämtlicher Schriftverkehr zielsicher auf Papas Schreibtisch, und wenn der könnte, so würde er vermutlich aus dem Klagen nicht herauskommen. So aber biegt er sich schweigend unter seiner Last, und Papa opfert tapfer, aber wenig begeistert freie Abende, um Verträge auszuarbeiten, mit Krankenkassen, Finanzamt und der Regierung von Schwaben zu verhandeln. Ich bewundere seine Geduld und sein Verständnis für dieses ganz und gar unpoetische Schriftdeutsch!

Ich bin schon oft nächtelang wach gelegen und habe mich gefragt, warum dieser häufige Wechsel sein musste. Irgendein Sinn muss darin liegen, denn Gott macht keine Fehler!

Immerhin habe ich auf diese Weise gelernt, mit mehreren Leuten einen Weg zu finden, wenn dieser auch anfangs eher einem Trampelpfad gleicht und sich nicht immer bis zur Autobahn ausbauen lässt, wie es meine Freundin Veronika Raila einmal formuliert hat.

Ich will nicht in einem Ghetto leben! – Inklusion

Inklusion ist ein Thema, das mich nicht loslässt. Es ist ein Thema, für das es sich zu kämpfen lohnt! Schon in der ersten Klasse formulierte ich es deutlich: «*Ich will nicht in einem Ghetto leben!*» Nicht weil die Fördereinrichtungen ihre Sache schlecht machen, sondern weil jede Aussonderung einer Diskriminierung gleicht. Exklusion wird in unserer Gesellschaft weit stärker gelebt und umgesetzt als die Inklusion. Man sortiert fein säuberlich: die Kranken ins Krankenhaus, die Alten ins Altersheim, die Komischen in die Psychiatrie, die Kinder in den Kindergarten, die Behinderten in die Fördereinrichtungen … Die Liste ließe sich noch weiter fortführen. In der Folge entstehen Ratlosigkeit und Hilflosigkeit im Umgang miteinander, und das auf beiden Seiten. Es ist kaum möglich, einen natürlichen Umgang miteinander zu erlernen, und wenn man dann doch einmal aufeinandertrifft, so fühlt es sich für alle verkrampft und stressig an. Das raubt unserer Gesellschaft viel, wie ich meine, denn jeder kann sein Puzzlestück dazu beitragen.

An der Fakultät für Grundschulpädagogik der Universität Augsburg trifft sich seit Jahren das «FISS-Forum». Dieses Forum wurde von Dr. Pius Thoma und Dr. Cornelia Rehle gegründet und besteht aus einer Gruppe inklusionswilliger Menschen, darunter Schulräte und Rektoren, Studenten, Schulbegleitungen sowie betroffene Eltern und Schüler. Ab und an darf auch ich teilnehmen, sofern es Mamas Terminkalender, mein Stundenplan und mein Gesundheitszustand zulassen. Im Rahmen dieses FISS-Forums entstand das Buch «Inklusive Schule» mit gelungenen und weniger gelungenen Inklusionsversuchen behinderter Schüler an bayerischen Regelschulen. In seinem Vorwort zu jenem FISS-Forum-Buch hat Dr. Thoma die letzten sechs Zeilen meines Gedichtes «Der Zaun» zitiert (ebenso in seinem Nachwort hinten in diesem Buch).

02.12.2007

Der Zaun

Zaun, du begrenzt und beschützt
Blume und Baum,
Haus und Raum,
des Nachbars Traum.
Kämen sie abhanden,
wenn du sie nicht bewachst?
Oder trennst du nur,
schneidest ab und grenzt aus –

von der Freude teilzuhaben –
mittels deiner braunen Latten?
Doch vermutlich irre ich mich,
und du erfüllst nur treu deine Pflicht,
stehst reglos da bei jedem Wetter und Wind
gleich einem zaghaften, maulenden Kind.
Es scheint, als sei jegliches Denken aus dir gewichen
und massiv Leben dazu!
So wie du dastehst,
morsch und moosbewachsen,
fragst du nicht mehr nach dem Sinn und Wozu,
du führst nur aus, was ein anderer dir befohlen.
Es sind die wahren Zäune wohl
in den Herzen und Köpfen der Menschen verborgen.
Morgen, so hoffe ich,
werden diese Zäune niedergerissen,
dann haben Gedanken freien Lauf –
und das Leben auch!

Im Sommer 2008 verfasste ich ein Schreiben an das Schulamt, welches Herrn Dr. Thoma gut gefiel. Sie würden gerade an einer Petition an Frau Bundeskanzlerin Merkel arbeiten. Ob ich ihnen meinen Brief zur Verfügung stellen wolle, fragte er mich. Oder, noch besser: einen Brief an Frau Merkel verfassen?

Ich entschied mich fürs Briefschreiben. Heraus kam folgendes Schriftstück:

03.07.2008

Sehr geehrte Frau Bundeskanzlerin!

Wie ich erfahren habe, wollen Sie sich für die Schulbildung und speziell für eine individuelle Förderung der einzelnen Schülerinnen und Schüler einsetzen. Es gibt nichts, was wichtiger wäre, da es Auswirkungen auf die künftige Gesellschaft dieses Landes hat, und Sie können sich einen großen Namen machen, wenn es Ihnen gelingt, Dinge in diesem so brachliegenden Bereich zum Positiven zu verändern!

Gestatten Sie mir, werte Kanzlerin, als Betroffenem eine dringliche Bitte in diesem Anliegen! Jegliche Form der Ausgrenzung Behinderter beraubt die Gesellschaft, schmälert die soziale Kompetenz und reduziert Schule auf das Minimum der Leistungserbringung. Dies wird einer individuellen Förderung keineswegs gerecht. Auch Integration ist nur die halbe Miete, da sie nach wie vor einteilt, bewertet und abkapselt. Eine optimale, individuelle und wertschätzende Förderung bedarf inklusiver Schulkonzepte und trägt zweifelsohne zum Wohle aller bei!

Gerade die viel zitierten PISA-Studien belegen deutlich, dass Behinderte die sogenannten «guten Schüler» nicht zu bremsen vermögen, sondern dass vielmehr beide Seiten von dem unterschiedlichen Wahrnehmungsvermögen profitieren! Behinderte nehmen nicht unbedingt schlechter wahr, sondern erfassen mitunter andere Bereiche unserer Wirklichkeit: Mit der Realität verhält es sich ähnlich wie mit einem Puzzle! Jeder erfasst nur die Realität seines eigenen Teilchens und – bei entsprechender Toleranz – die der benachbarten Puzzlestücke. Ist nun eine Realität realer und berechtigter als eine andere? Oder bedarf es nicht vielmehr aller Puzzlestückchen, um das geplante Bild, die tatsächliche Realität und den Sinn zu erfassen?

Wenn dem so ist, dann darf in Gesellschaft und Schule keiner fehlen, weder der Behinderte noch der Hochbegabte! Menschenwürdiges Leben wird nur gelingen, wenn jeder seinem Auftrag gerecht wird, mit Liebe, Respekt und Verantwortungsgefühl! Dazu bedarf es Schulen, die uns optimal vorbereiten und die Scheu voreinander nehmen. Keiner entspricht in allen Punkten der Norm, alle sind anders. Doch genau hierin liegt ein gewaltiges Potenzial! Bitte helfen Sie, diese Chancen für die Zukunft zu nutzen, und unser Land wird es Ihnen danken!

Hochachtungsvoll,
Raphael Müller, achtjähriger, FC-schreibender Autist

«Gut!», befanden meine Eltern und Herr Dr. Thoma. Mama überlegte, wie denn dieser Brief den Weg zu Frau Merkel finden würde. Käme er an, wenn wir ihn einfach nur an das Bundeskanzleramt schickten?

Wir waren uns nicht sicher. Zwar trauten wir der Deutschen Post durchaus zu, den Weg zum Bundeskanzleramt zu finden, doch durch wie viele Instanzen müsste der Brief wohl, um auf dem richtigen Schreibtisch zu landen? Würde man den Brief eines Achtjährigen überhaupt ernst nehmen?

Mama griff zum Telefonhörer und kontaktierte das Büro unseres Wahlkreisbeauftragten Herrn Eduard Oswald und sandte dann meinen Brief mit einem Begleitschreiben zu seinen Händen. Herr Oswald meldete sich kurz darauf persönlich. Frau Merkel sei gerade verreist, erklärte er uns. Aber nach der Sommerpause sei er wieder in Berlin. Er würde meinen Brief persönlich überreichen, wir sollten nur bitte etwas Geduld haben, versprach er.

Ende September lag ein schickes Kuvert mit einem geprägten Bundesadler in unserem Briefkasten. Ich konnte es kaum fassen: Ich bekam tatsächlich Post von der Bundeskanzlerin, und dabei hatte ich gerade erst meinen neunten Geburtstag gefeiert! Inklusion sei tatsächlich wichtig und ihr ein großes Anliegen, doch die Umsetzung sei nicht Sache des Bundes, sondern der Länder, so der Tenor des von Frau Bundeskanzlerin Angela Merkel handsignierten Briefes.

In der neunten Klasse wurde ich gebeten, Brief und Antwort in den Sozialkundeunterricht mitzubringen. Das sei ein tolles Beispiel dafür, dass man sich ruhig trauen solle, meinte der Lehrer.

Sowohl Herr Dr. Thoma als auch Frau Dr. Cornelia Rehle haben mich eingeladen, an ihren Studenten-Seminaren teilzunehmen. So kommt es, dass ich schon einige Male an der Uni Augsburg war und mit den Studenten diskutieren durfte! Das empfinde ich als wahrhaft erfrischend, und ich bin außerordentlich dankbar für diese Gelegenheit! Hoffentlich helfen diese Begegnungen auch, anderen Leidgeplagten den Weg an die Regelschulen zu ebnen, sofern sie das wollen.

Häufig genug wird die Diskussion nur unter dem Gesichtspunkt der Kosten geführt und damit schon im Keim erstickt. Ich meine, für Inklusion braucht es vor allem eines: Menschen, die wollen! Denn wo ein Wille ist, ist bekanntlich auch ein Weg, so sagt ein Sprichwort. Ohne willige Menschen in meinem Umfeld wäre mein Anliegen, eine normale Schule zu besuchen, kolossal gescheitert.

Unerlässlich für gelingende Inklusion sind Aufklärung und Information der beteiligten Lehrer, Schülereltern und Schüler sowie eine enge Zusammenarbeit mit den Schulbegleitern und Eltern. Meist haben die Klassenkameraden das geringste Problem mit der Anwesenheit eines exotischen Mitschülers. Erwachsene verkomplizieren vieles schon im Vorfeld durch ein Verkopfen möglicher Situationen.

Herr Kamm war so freundlich, die Lehrkräfte am Gymnasium zu schulen, und Frau Dollinger ist die geborene Diplomatin. Humor tut immer gut, ebenso Gelassenheit und Offenheit für Neues. Wichtig finde ich auch die Vision einer gelingenden Gemeinschaft und tapferes Durchhalten auf holprigen Wegstrecken und kurvenreichen Passagen. Fantasie hilft mitunter, praktische Lösungen im Alltag zu finden. Letztlich lernen alle voneinander und miteinander, und das ist gut so!

Dabeisein ist alles! – Ein Stück Normalität

Meine Eltern nehmen mich so oft wie möglich mit und versuchen, unser Leben so normal wie möglich zu gestalten, was selten gelingt, weil meine Situation ein solches Ansinnen von vornherein konterkariert. Und so muss ich auf viele «Selbstverständlichkeiten» verzichten. Mein Verstand akzeptiert, dass manches auf der Strecke bleibt, meine Emotionen aber proben regelmäßig den Aufstand.

Doch es hilft ja nichts: Ich muss Geduld lernen und diese lästigen Wartezeiten nutzen, so gut es geht. Dazu bleiben mir genau drei Möglichkeiten: beten, schlafen und nachdenken. Und so werden aus scheinbar unproduktiven Wartezeiten kleine kreative Inseln im Strom der dahinfließenden Zeit. Wenn alles anders ist als normal, wenn es ständig Sonderregelungen und Ausnahmen braucht, um den Alltag zu bewältigen, dann wird das sonst so selten geschätzte «Normale» zu etwas Besonderem.

Während viele Schüler unter der Last der Schulpflicht ächzen und stöhnen, freue ich mich auf jede Unterrichtsstunde. Es stimmt schon, ich kann mich meist nicht in dem gleichen Maß einbringen wie die anderen. Aber ich tue, was ich kann und so gut ich es eben vermag, auf meine Weise. Das ist häufig in Gedichtform. So kommt es, dass an Pinnwänden der Schule und in der Schülerzeitung neben Artikeln auch Gedichte zu finden sind.

Dabei sein dürfen und einen Hauch Normalität erleben, das bedeutet mir sehr viel. Das gilt neben dem Schulalltag auch für die Wandertage und natürlich die Klassenfahrten. Letztes Jahr durfte ich erstmals mit zu den Orientierungstagen, die für die zehnten Klassen angeboten werden. Außerdem fuhr Frau Dollinger mit dem W-Seminar für zwei Tage ins Kloster, um das Thema Askese und Mönchtum zu vertiefen. Das waren grandiose Tage und eine völlig neue Erfahrung für mich und vermutlich auch die anderen. Gut, dass ich reiseerprobt und fremdbettentrainiert bin, das hat das Unterfangen gewiss erleichtert. So frei von Unterricht erhält die Gemeinschaft mit den anderen eine noch intensivere Qualität.

Die Highlights – Besuche von Freunden

Freundschaft ist etwas sehr Kostbares. Für mich erst recht, da sie so rar ist. Selten, aber gelegentlich doch bekomme ich Besuch von Klassenkameraden, dann spielen wir Uno oder «Wer wird Millionär?», hören Musik und unterhalten uns. Manchmal, besonders an meinem Geburtstag, gehen wir auch ins Kino. Ich liebe Filme, die zugleich tiefgründig und lustig oder spannend sind. «Ziemlich beste Freunde» ist selbstredend einer davon, beschreibt er doch humorvoll die perfekte Beziehung zwischen einem Behinderten und seinem Pfleger.

«Avatar» hat mich ebenfalls beeindruckt. Nicht die Kampfszenen, sondern die Rahmenhandlung. Zu gerne würde ich meinen störrischen Körper gegen einen funktionierenden eintauschen und die Welt retten. Auch die Verbundenheit der Avatare zu ihrer Umwelt und ihren Reittieren hat mir sehr gefallen. Nach dem Kinobesuch habe ich dies in folgende Worte gepackt:

Avatare sind ein Fake,
eine solche Hülle brauchte Jake,
um auf Pandora seine gelähmten Beine zu bewegen,
ja, diese Technik kam ihm sehr gelegen.
Doch seine Abenteuer
sind den Chefs bald nicht geheuer,
wird doch aus dem alten Jake ein neuer.
Der Na'vi-Jake ist schließlich der bessere Mensch,
weiß den Einklang mit der Natur zu schätzen,
erkennt den Frieden an den heiligen Plätzen,
wendet sich ab von der Zerstörungswut,
hilft den anderen in der Not,
zähmt sogar mit großem Mut
den gefährlich letzten Schatten,
als seine Freunde kaum mehr Hoffnung hatten,
und rettet jene wundervolle andere Welt,

welche den Frieden und die Achtung wählt
und auch das Leben!

Auch der Film «Mein Freund der Delfin» hat mich tief berührt. Ein Junge findet das verletzte Delfinmädchen Winter und kämpft um ihr Überleben. Ihre Schwanzflosse kann nicht gerettet werden, aber Sawyer lässt nicht locker. Winter bekommt eine Prothese und lernt wieder schwimmen.

Die Geschichte beruht auf einer wahren Begebenheit und zeigt, was möglich ist, wenn man sich nicht von Prognosen niederschmettern lässt, sondern unbeirrt an der Hoffnung festhält. Es war nicht schwer, mich mit Winter zu identifizieren und meine Familie mit Sawyers Familie zu vergleichen. Ich war sehr dankbar für diesen Film.

15.01.2012

Lichtbringend ist Winters Mut,
ihr Kampf macht anderen Mut,
niemals aufzugeben,
trotz widriger Umstände das Leben zu leben
und Tag für Tag sein Bestes zu geben,
um Stück für Stück einen Teppich zu weben,
ein Patchwork aus Stunden voller Glück.
Grandios sind Freunde in der Not,
sie sind so wichtig wie das tägliche Brot,
solche, die auch neue Wege wagen,
ganz egal, was andere dazu sagen,
und die bereit sind, Opfer zu bringen.
Mit ihrer Hilfe werden Wunder wahr,
denn dies ist Weihrauch auf Gottes Altar!

Richtig dankbar bin ich für moderne Kommunikationsmittel wie zum Beispiel E-Mails. Nicht auszudenken, wie grausam einsam mein Leben in vergangenen Jahrhunderten verlaufen wäre. So aber kann ich Briefe und E-Mails schreiben und, noch besser, auch empfangen. Ich freue mich sehr über Post, auch wenn es manchmal dauert, bis ich antworten kann.

Anfang der achten Klasse lernte ich Barbarella kennen. Sie kam mich einige Male besuchen und stützte mich sogar, so dass ich mich direkt mit ihr unterhalten konnte. Das war genial! Da sie grandios zeichnen kann, bat ich sie, das Titelbild für meinen Beitrag zum Geschichtswettbewerb des Bundespräsidenten zu zeichnen. Leider ging es ihr in unserer Klasse so wie mir zum Ende des vorangegangenen Schuljahres in der Parallelklasse. So kam es, dass sie in der Neunten die Klasse wechselte, und wir verloren uns aus den Augen.

Als damals in der neunten Klasse eine Unterrichtsstunde ausfiel, lud mich Frau Wening spontan in ihre Religionsstunde in der fünften Klasse ein. Die Jungs und Mädels waren sehr interessiert an mir und meinem sonderbaren Schicksal. In der Folge ergab sich eine Brieffreundschaft mit zwei Mädchen dieser Klasse, die mir große Freude bereitet.

Meinen besten Freund, Florian, kenne ich seit der achten Klasse. Er teilt mein Engagement für die Schülerzeitung und die Begeisterung für Musik. Florian spielt toll Klavier, und manchmal darf ich seine hervorragenden Fotografien bestaunen. Danke, Florian!

3. Stumm, aber voller Worte

Sie kennen nun die biografischen Eckdaten und die Rahmenbedingungen meiner Person. Dies gleicht der spiegelnden Wasseroberfläche und der Uferböschung. Um auf den Grund zu blicken und die Frage zu klären, ob stille Wasser tatsächlich tief sind und wie Art und Tiefe meiner Welt und Gedanken beschaffen sind, müssen Sie sich etwas näher an meine autistische Welt heranwagen. Sie werden sich zweifellos schwertun, sie zu betreten, doch vielleicht dürfen meine Texte kleine Fenster sein in meine Welt. Ich möchte Sie also einladen, weiterzulesen und mich dadurch noch ein Stückchen besser kennen zu lernen.

Das Buchstabenland und die Sprache der Zahlen

Die verschiedenen Sprachen ergeben sich durch unterschiedliche Tänze der Buchstaben und sorgen freilich bei jenen für Verwirrung, die nur eine Schrittfolge erlernt haben. Mir fällt es erstaunlich leicht, andere Sprachen zu verstehen. Es macht mir Spaß, den Menschen zuzuhören und Bücher in anderen Sprachen zu lesen.

23.08.2009

Sprachen

Lächelnd höre ich den Menschen zu,
ja, ich gebe es unumwunden zu,
ich tue mich leicht, sie zu verstehen,
ich kann ein Muster in den Sprachen sehen.
Jede Sprache ist ein Spiegelbild der Charaktere,
weist auf die Art des Denkens hin

und ist der Anfang aller Tat,
zeigt, welche Macht ein kleines Wörtchen innehat.
Im Anfang war das Wort,
die Schöpfung hat es wohl gehört,
nahm Gestalt und Formen an,
wie man noch heute sehen kann.
Wir unterschätzen oft
die Macht der Worte und Gedanken,
bringen damit unsere Welt ins Wanken,
statt dankbar unserem Gott zu danken!
Worte haben eine mächtige Kraft, Realität zu formen,
jenseits aller Normen, in verschiedensten Formen,
darum lenkt Eure Gedanken zum Licht,
zu dem, der von sich spricht:
«Ich bin der Weg und auch das Leben»,
denn er kann Segen geben!

Lange Zeit ging ich auch davon aus, dass jeder Mensch meine Freunde – nämlich die Buchstaben und Zahlen – genauso sieht und deren Charakter kennt wie ich. Es sind lauter kleine Persönlichkeiten mit eigenem Charakter und von unterschiedlichem Aussehen. Wenn andere Gleichungen aus schwarzen, etwa gleichgroßen Symbolen auf weißem Papier mühsam auflösen, sehe ich bunte Wesen unterschiedlicher Art und Größe ein munteres Spiel spielen. Mathematik ist die Landschaft, in der die Zahlen leben. Man kann darin spazieren gehen. Ich beobachte den Spielverlauf, daraus ergibt sich das Ergebnis mühelos und ganz von selbst.

Wie gesagt, ich dachte, jeder würde das so sehen, bis mir die Lektüre von Daniel Tammets Buch «Elf ist freundlich, Fünf ist laut» die Augen öffnete, dass dem nicht so ist. Nun erst verstand ich, weshalb Mathematik für viele so schwierig ist.

Ähnlich verhält es sich mit den Buchstaben, die einfach nicht allein sein wollen. Sie gesellen sich gerne zueinander, formen Worte, bilden Sätze, feiern ein Fest.

In meinen Fantasyroman «Asa und Gasa – Besuch aus dem Zwergenland» habe ich diese meine Erlebniswelt mit eingebaut. In den folgenden Ausschnitten ist vom Land der Zahlen und von dem Buchstabenland die Rede. Das Zwergenpärchen Asa und Pati berichtet Tim von ihren Problemen im Land der Zahlen:

Erst waren sie in Geometrica und hatten die sagenhafte Architektur bewundert, dann erfuhren sie von Algebra und statteten auch diesem Land einen kurzen Besuch ab. Dort wohnten die Zahlen, faszinierende Wesen, die sehr harmonisch und nach strengen Regeln zusammenlebten. Rasch war ihnen klar geworden, dass man sich hier in der Sprache der Mathematik unterhielt.

Das war für Pati nicht leicht. Sie war zwar nicht dumm und hatte ein erstaunliches Talent für Sprachen, aber die Denkweise der Zahlen war ihr völlig fremd. Man konnte ja vieles berechnen, aber mathematische Formeln für Orakelsprüche zu finden war schier unmöglich! Schließlich musste sie sich eingestehen, dass hierfür die Hilfe eines Spezialisten nötig wäre, aber in diesem sonderbaren Land gab es niemand, der auch nur annähernd den Sinn der Orakelsprüche erfasste und somit bei deren Übersetzung hilfreich sein konnte.

Etwas ratlos brachen sie die Suche ab und genossen ihre freien Tage, ohne einen weiteren Gedanken an die Arbeit zu verschwenden, gerade so, wie es sich für ein frisch verliebtes Pärchen gehörte. Gut gelaunt und erholt saßen sie nun bei mir im Kleiderschrank und erinnerten sich an das Sprachproblem:

«Das wird fürchterlich schwer, jemand zu finden, der beide Sprachen spricht, die der Zahlen und die der Poesie!», sinnierte Asa.

«Ja», meinte Pati zerknirscht. «Ich kenne nichts, was gegensätzlicher ist! Ich bin jedenfalls komplett überfordert!»

Ich erkundigte mich: «Habt ihr nicht gesagt, dass die Zahlen Personen sind? Dann sehen sie also gar nicht so aus wie in meinen Mathebüchern! Ich glaube, ich weiß jemanden!»

Zwei Zwergenaugenpaare starrten mich verblüfft an. Asa sah aus, als hätte er einen fliegenden Elch gesehen, und ich musste mich zusammennehmen, um nicht laut loszulachen.

«Wir haben an unserer Schule einen Gastschüler. Er ist Autist und behauptet, die Zahlen als Farben und Formen sehen zu können. Ich dachte immer, das gibt's nicht, aber vielleicht hat er ja mehr Ahnung von Zahlen als unsere Bücher! Letztes Jahr waren ein paar Gedichte von ihm in unserer Schülerzeitung abgedruckt, die fand ich gar nicht schlecht! Gebt mir doch eure Orakelsprüche, und ich frage ihn. Er hilft uns bestimmt!»

Das brauchte Asa nicht zweimal zu hören. Er wühlte kurz in seinen Reisetaschen, und dann war ich versorgt mit Hausaufgaben!

Tim rafft sich auf und fragt den Autisten Daniel um Rat, der ihm bereitwillig die Sprüche in die Sprache der Zahlen übersetzt. Ein Stückchen weiter geht es um die Buchstaben. Nun ist es Gasa, der Zwillingsbruder von Asa, der von seiner Reise berichtet. Tim wendet sich daraufhin an seinen neuen Freund Daniel.

Auf dem Weg ins Buchstabenland

Kurz darauf kam Gasa vorbei. Er war auf dem Weg nach Alphabet, dem Buchstabenland.

Es sei ein sehr großes Reich mit vielen kleinen Fürstentümern, dort würden die Wörter für die verschiedenen Sprachen hergestellt. Aber es sei schwierig, ein Visum für die Durchreise zu bekommen. Seit dem Turmbau zu Babel und der anschließenden Sprachverwirrung dürfe jeder nur noch das Fürstentum seiner Muttersprache besuchen und eventuell Tagesausflüge in ein oder zwei benachbarte Fürstentümer unternehmen. Einzig Autisten und kleinen Babys habe Gott den Zugang zu allen Bereichen des Landes zugestanden. Aber er wisse nicht, was Autisten für Wesen seien, schloss Gasa seinen Bericht.

«Aber ich!» Ich hatte gespannt zugehört und natürlich sofort an meinen neuen Freund Daniel gedacht.

Gasa lauschte sehr aufmerksam meinem Bericht über die Begegnung mit Daniel und das wenige, was ich über Autismus gelernt hatte. Mir wurde bewusst, wie viele Fragen noch offen waren, und ich beschloss, Daniel möglichst bald wiederzutreffen.

Gasa machte sich auf den Weg, versprach aber, auf dem Rückweg vorbeizuschauen.

Ob Daniel das Buchstabenland sehen konnte? Ich nahm mir vor, ihn bei nächster Gelegenheit danach zu fragen. Außerdem wollte ich unbedingt wissen, warum die Durchreise nur Autisten vergönnt sein sollte.

Ärgerlicherweise kam Daniel ein paar Tage nicht in die Schule. Hoffentlich war er nicht krank. Üble Warterei! Geduld ist offenbar nicht meine Stärke! Endlich, Ende der Woche, sah ich ihn auf dem Pausenhof.

«Hallo, Daniel, ich hab dich vermisst.»

Tina sah mich freundlich an und erklärte mir, dass Daniel manchmal epileptische Anfälle habe und dann leider schlafen müsse.

Ich schaute Daniel an: «Schön, dass es dir wieder besser geht! Ich habe so viele Fragen!»

Daniel lachte, und Tina packte schon mal den AlphaSmart aus.

«Na, dann mal los», ermunterte sie mich.

«Ich frage mich, ob die Buchstaben so ähnlich sind wie die Zahlen.»

Daniel freute sich sichtlich über meine ungewöhnliche Frage und schrieb folgende Antwort: «Buchstaben sind viel geselliger als Zahlen und auch kreativer. Sie leben als Familien oder in Wohngemeinschaften zusammen. Sie freuen sich, wenn neue Wörter oder Sätze kreiert werden, und leiden unter der fantasielosen Monotonie der heutigen Sprache. Ihr Land ist wunderschön, genauso farbenfroh und vielfältig wie seine Bewohner, und bald jedes Fürstentum ist anders. Es ist ein tolles Land, und es wird nie langweilig, es zu bereisen!»

«Ich habe gehört, dass es sehr wenigen vergönnt ist, dorthin zu reisen.» Vorsichtig schielte ich zu Tina hinüber, sie dachte bestimmt, ich sei verrückt.

Aber sie lächelte mich nur freundlich an, während sie Daniel weiter stützte:

«Ja, das ist Gottes kleiner Trost für Autisten und Savants. [Savants sind Personen mit Inselbegabung. Der Verlag]»

«Aber was hat denn Gott damit zu tun?», wollte ich wissen.

«Alles», bekam ich zur Antwort, *«er ist doch der Schöpfer aller Dinge, und er hat einen Plan für jedes seiner Geschöpfe! Weißt du das denn nicht?»*

Ich verglich mein Wissen aus dem Religionsunterricht mit Daniels tiefer Überzeugung und hatte mit einem Mal den Eindruck, dass mir etwas fehlte.

«Wie kommt es, dass du so fest glaubst?»

«Aber das ist doch offensichtlich!» Daniel war überrascht.

Dann hörte ich mich fragen, ob er auch Zwerge sehen könne.

«Nein, Zwerge nicht, aber Engel!»

Zwergengeschichten

Es begann mit dem Thema einer Deutschschulaufgabe der fünften Klasse. Reizwortgeschichten waren gefragt, und Frau Dollinger bot uns nun die Kombinationen «Zwerg – Kleiderschrank – Taschentuch» sowie «Lederhose – Ufo – Gänseblümchen» zur Wahl an.

Ob es dann an einem akuten Anfall von Arbeitseifer lag oder aber an einer ausgeprägten Entscheidungsschwäche, vermag ich nicht mehr zu sagen, jedenfalls bearbeitete ich beide Themen. Das Zwergenthema fesselte meine Aufmerksamkeit über die Schulaufgabe hinaus, denn mein Aufsatz barg die perfekte Rahmenhandlung für einen Fantasyroman, in dem ich meine eigene Krankengeschichte unterzubringen gedachte. Auf diese Weise wollte ich meinen Klassenkameraden und allen, die an Inklusion interessiert sind, helfen, mich besser zu verstehen.

Ein Mutmachbuch schwebte mir vor. So fing ich denn wenige Tage später an, eine weitere Geschichte zu tippen, die nahtlos an die Schulaufgabe anknüpfte. Tag für Tag, Kapitel um Kapitel wuchs die Geschichte zu einem Buch heran. Ich schrieb abwechselnd mit Mama und mit meiner Schulbegleitung daran, und als ich beim Kapitel «Der Autist» angelangt war, konnten auch sie meinen Plan erkennen.

In dem Icherzähler Tim beschrieb ich den Jungen, der ich gerne wäre: gesund, normal und abenteuerlustig. Neben den beiden Zwergen lernt Tim im Verlauf der Geschichte den autistischen Daniel und seine Schulbegleitung Tina kennen. Sie ahnen es vermutlich schon: in Daniel habe ich mich selbst beschrieben, mein Krankheitsbild, die Gestützte Kommunikation und auch meinen Glauben. Der fantastische Rahmen sollte es für meine Freunde spannender gestalten.

Susanne Bauermann, eine Freundin meiner Tante, hat die beiden Zwerge nach meinen Vorgaben für mich gezeichnet. Das ist ihr wirklich gut gelungen, man merkt, dass sie schon einige Bücher illustriert hat.

Veronika Raila war so freundlich, ein Vorwort zu schreiben.

Teil eins landete am Stichtag tatsächlich auf der Top-10-Liste beim Literaturwettbewerb von www.neobooks.com, der Internetplattform der Verlagsgruppe Droemer Knaur, und somit direkt auf dem Schreibtisch der Lektorin. Kinderbücher eigneten sich nicht als E-Books, befand man. Da das Buch aber gut sei, schenkte man mir einen Büchergutschein im Wert von hundert Euro als Anerkennungspreis.

Bald nach Fertigstellung des ersten Teils begann ich mein Werk ins Englische und ins Türkische (meine damalige Schulbegleitung war Türkin) zu übersetzen. Das gelang nicht vollständig, aber immerhin bei den ersten neun Kapiteln. Dabei übersetzte ich den Text nicht Wort für Wort, sondern erzählte die Geschichte in der jeweiligen Sprache neu.

Die ersten fünf Kapitel der englischen Version wurden beim Daniil Pashkoff Prize 2010, Englisch für Nichtmuttersprachler, ausgewählt und als «honorable mention» in die Anthologie aufgenommen. So kommt es, dass mein englischer Text längst gedruckt ist, während ich für das deutsche Original noch immer einen Verlag suche. Inzwischen habe ich Teil zwei «Im Drachenwald» vollendet, Teil drei «Reise nach Philosophika» ist in Arbeit.

Geronnene Gedanken – das Dichten

Meine ureigenste Sprache ist die der Poesie. Wann immer man mich lässt, wandle ich mein Erleben um in ein Gedicht. Diese Verdichtung oder auch Komprimierung hilft mir zu verstehen und birgt zudem den Vorteil, dass ich mir meine Formulierung leichter merken kann, bis jemand Zeit findet, mich zu stützen. Wenn es dann so weit ist, benötigt es deutlich weniger Zeit als ein Prosatext mit dem gleichen Inhalt.

Meine Eltern kennen mich inzwischen gut genug, um zu wissen, dass jeder Ausflug, jedes Event und jede Reise in Gedichtform endet, und Mama leiht mir gütig ihren Arm, sobald sich im Café oder beim Abendessen eine Gelegenheit bietet.

Inzwischen habe ich Gedichte zu allen möglichen und unmöglichen, konkreten und philosophischen Themen verfasst. Die Sammlung zählt nun schon mehr als 400 Gedichte. Ein paar davon fanden den Weg in Anthologien, in die Zeitung oder die Schülerzeitung.

Jahr für Jahr versorge ich Mama mit einem Gedicht für die Weihnachtskarte und wähle dafür jeweils eine spezielle Form. Sie war anfangs reichlich erstaunt, als sie das im Fließtext verfasste Werk formatierte, indem sie die Zeilenumbrüche jeweils beim Reim eingab und dann auf Zentrieren ging. Tannenbaum, Stern, Christbaumkugel, Plätzchen ... Mal sehen, was mir künftig noch alles einfällt.

Mein erstes Gedicht sollte eigentlich eine Geschichte werden, so lautete zumindest der Auftrag von Mama: eine Schneemanngeschichte. Ich machte mich auch sogleich ans Werk und begann «*Öster*» zu tippen. Weiter kam ich nicht. Mama war irritiert

«Nicht Ostern, Raphael. Eine Schneemanngeschichte bitte.» Das wiederholte sich dann ein- oder zweimal, bis Mama begriff, dass ich tatsächlich «*Öster*» schreiben wollte. So entstand folgender Text:

25.11.2007

Österreichische
Berge, tief verschneit,
sind viel zu weit,
um uns Schnee zu leihen,
und somit bleibt unser Schneemann
leider ungebaut.
Ein schöner,
kalter, weißer Traum
fernab der Realität
mit Hut und Besen und
orangeroter Nase.
Bestimmt findet der Winter noch zu uns,
doch ich fürchte, er hat sich verlaufen
und kommt pünktlich zu Ostern.
Schnee, wo bleibst du nur?
Kann denn Schnee
im Schnee stecken bleiben?
Weißt du denn nicht,
dass ganze Horden von Schneemännern
sehnsüchtig darauf warten, gebaut zu werden?
Weihnachten soll weiß sein,
versteh das doch!

Ein paar Tage später wählte ich selbst ein Thema, das mich gerade beschäftigte: die Frage nach der Realität, nach ihrer Objektivität bei unterschiedlicher subjektiver Wahrnehmung.

4.12.2007

Gedanken über die Realität

Realität
ist etwas sehr Seltsames,
wenn Albert Einstein recht hat,
dann ist sie gar nicht das,
was sie zu sein scheint.
Wenn Materie nur Materie wäre
und Energie nur Energie,
dann wäre Realität auch real.
So aber ist Realität fiktiv,
für jeden anders,
entsprechend den Bildern in unseren Köpfen.
So mancher behauptet,
er könne nur Tatsachen glauben,
wissenschaftlich fundiert und bewiesen,
sicht- und greifbar für unsere fünf Sinne.
Doch manche Realität entzieht sich unseren Blicken,
sehr real und doch nicht bewiesen,
wartet sie darauf, geglaubt zu werden.
Unglaublich!

Während sich mein Umfeld fragte, wie es dazu kam, dass ein Siebenjähriger solche Texte verfasste, wunderte ich mich, weshalb sie nicht erkennen konnten, was mir selbstverständlich erschien.

In den folgenden Jahren verfasste ich auch Gedichte über das Dichten. Der folgende Text erschien im August 2009 in der Anthologie «Die besten Gedichte 2009/2010» des Frankfurter Literaturverlags:

12.12.2008

Das Dichten

Gedanken
gerinnen und verdichten sich,
überwältigen mich,
drängeln und zanken sich,
verlieren und verlaufen sich,
verändern mich.

Gedanken und Worte
finden und häufen sich,
manchmal raufen sie sich
um die besten Plätze,
um gelungene Sätze.

Worte
sprudeln aus mir heraus,
bilden Verse aus,
geben Gedanken wieder,
malen bunte Bilder,
bringen Saiten zum Klingen,
wenn sie stimmen,
und verändern dich!

«Meine Motivation zu schreiben» gelangte per Leservotum auf Platz achtzehn der Lyrikbestenliste des Hildesheimer Lyrikwettbewerbs. Das Gedicht thematisiert meine Andersartigkeit, auch in Bezug auf das Denken und die Verarbeitung in Versen.

20.7.2009

Zaghaft wage ich Anderssehender,
Besserhörer, Wenigerspürender,
Klardenkender, Nichtsprechender,
Nochnichtlaufender, Unerwachsener Mensch
meine ungelenken Schritte in Eure Welt.
Dichte nicht nur, weil es Euch gefällt,
sondern meine Gedanken am Leben erhält.
Es hilft, Erlerntes zu kapieren,
Ideen einsortieren in die Regale, die vielen,
aufbewahren und verdichten,
auf diese Komprimierung will ich nicht verzichten.
Ja, mir gefällt das Dichten,
über das Ergebnis muss ein anderer richten!

Ein Spätsommernachmittag auf unserer Terrasse mit Blick auf den kleinen Seerosenteich hat mich zu folgenden Zeilen inspiriert. Ich habe damals versucht, mit meinen Worten ein Bild zu malen.

15.09.2009

Libellen

Libellen scheinen in der Luft zu stehen,
es ist kaum ihr Flügelschlag zu sehen,
so schnell durchschneiden glitzernd sie die Luft.
Betört vom schweren, süßen Duft
der Seerosen und der Wasserlilien,
beobachten sie Wasserläufer beim Spielen,
rote Fische, die sich jagen, und Schnecken,
die sich träge plagen,
ihr Haus vom Fleck zu tragen,

in dem steten Bemühen,
die Algen, die sich so glitschig anfühlen
wie ihre eigene Spur,
einzudämmen, indem sie fressend
durch den Schlamm sich wühlen.
Grünlich schillert es und blau und rot
über dem kleinen Reich,
diesem hübschen Wasserreich,
wenn die Libellen geräuschvoll und doch still
über der dunkelgrünen Oberfläche stehen.

Bibliothek deutschsprachiger Gedichte

Ausgelassene Buchstabenfeste: Prosa

Je eingespielter unser Team und damit das Schreiben wurde, desto mutiger wagte ich mich auch an Kurzgeschichten, Essays und Artikel. Mein Zwergenbuch habe ich ja bereits erwähnt. Manches waren Schulaufsätze, vieles Wettbewerbsthemen. Ich könnte nicht sagen, welche Textart mir neben der Poesie am besten zusagt, einzig trockenes Juristendeutsch will mir nicht behagen. Auch Grammatikschulaufgaben beleidigen meinen eher intuitiven Umgang mit der Sprache. Mein Sprachempfinden sträubt sich vehement gegen Regeln. Vielleicht liegt das daran, dass ich Sprachen anders lerne, ähnlich wie mir mein fotooptisches Gedächtnis ein anderes Lesen erlaubt.

Ich möchte Sie hier einladen, mich auf ein paar Buchstabenfeste zu begleiten. Hierfür habe ich Beispieltexte aus unterschiedlichen Jahren ausgewählt. Sie bilden nur einen Bruchteil meiner inzwischen umfangreichen Sammlung, doch vielleicht gewähren sie Ihnen Zugang zu meiner Gedankenwelt und erlauben Ihnen einen kleinen Einblick in meine Entwicklung.

Einer meiner ersten Aufsätze war das «Picknick»:

11.04.2008, Hausaufgabe: Reizwortgeschichte – Deutschbuch, Picknick, Raupe

Ein unglaubliches Picknick

Unsere Deutschlehrerin Frau Dollinger kam heute in den Unterricht und kündigte eine schwere Schulaufgabe zum Thema Fantasiegeschichte an. Das gefiel mir gar nicht, denn nun musste ich das Deutschbuch mit auf das Picknick nehmen. Es bekam dem Buch auch nicht besonders gut: Der Umschlag löste sich, und der Wind wehte ein paar lose Seiten davon, während ich auf meiner Decke eingeschlafen war.

Ein Apfelbaum spendete mir Schatten, und neben mir stand ein bunter Korb voll köstlichen Essens. Ich träumte von den saftigen Äpfeln, welche mir das Wasser im Mund zusammenlaufen ließen. Doch gerade als ich in den größten, saftigsten Apfel hineinbeißen wollte, schrie jemand:

«Stopp! Was fällt dir ein?»

Erstaunt sah ich mich um, wer da gesprochen hatte, aber ich konnte niemanden erkennen. Meine Freunde waren zu weit weg, sie spielten Fußball weiter hinten im Park. Dennoch hatte ich die Stimme ganz deutlich gehört. Das fand ich komisch.

Als die Stimme dann zum zweiten Mal ertönte: «Was suchst du denn? Ich bin hier im Apfel, und wehe, du beißt hinein, dann sorge ich für mächtige Bauchschmerzen!», sah ich den Apfel genauer an und bemerkte den braunen Kopf, der aus dem Grün herausspitzelte.

Vor Schreck, dass ein Wurm zu mir sprach, ließ ich den Apfel fallen und wachte auf. In Windeseile packte ich zusammen und eilte nach Hause. Meine Freunde beklagten später, ich hätte mich nicht mal verabschiedet. Dann wollte ich lernen, konnte aber die entsprechenden Seiten in dem Deutschbuch nicht finden. Nachts träumte ich, der sprechende Wurm hätte sie gefressen. Ich gab ihm den Namen Hugo und erklärte ihm, er müsse mich nun zur Schulaufgabe begleiten!

Ein Jahr später entstand die folgende Geschichte über den Baum. Der Aufsatz war ebenfalls eine Deutschhausaufgabe, er zeigt, welche philosophischen Themen mich zu diesem Zeitpunkt beschäftigten.

Der Baum

Äste ragen friedlich auf, verfolgen neidisch der Sterne Lauf und das sorglose Geflatter niedlicher Flügelwesen. Ist es nicht erst gestern gewesen, dass sie sich im Sturm bewegten mit Gewalt und mächtiger Kraft? Blieb nicht trotzdem diese Haft, die jegliche Hoffnung hat hinweggerafft, dass man es schafft, die lästige Schwerkraft zu überwinden und in den blauen Weiten Freiheit dann zu finden? Sie mochten doch von vorn beginnen, als Flügel den Stillstand überwinden und mit Dynamik in den Himmel vordringen.

Der Stamm kann dies nicht verstehen, weshalb reicht es nicht, den Himmel blau zu sehen? Er ist uns doch so nah, umgibt uns sacht, hüllt uns sanft ein, dieser Stress muss gar nicht sein. Wir haben einen Auftrag zu erfüllen, die Nester zu umhüllen, Schatten spenden und auch Früchte, den Boden halten und das Wasser verwalten.

Die Wurzeln hören das Gerücht und glauben es erst mal nicht. Was ist es, das die Krone spricht? Ja, spüren es die Äste nicht, dass der Himmel in uns beginnt? Dass nur der gewinnt, der Gottes Geschenk annimmt und die Aufgabe erfüllt, für die Er ihn bestimmt. Wasser fließt Leben spendend durch uns durch, wir schenken es weiter ohne Furcht und ernten dankbar Gottes Segen, denn Geben ist viel schöner als das Nehmen. Wenn nun Sinn so überfließend uns erfüllt, wenn das Licht uns liebevoll einhüllt, wenn der Himmel steigt zu uns herab, was hält euch so auf Trab?

Im Winter 2010 wagte ich mich erstmals an längere Wettbewerbsthemen heran. Ein Spaziergang im Schnee inspirierte mich zu der folgenden Kurzgeschichte. Sie wurde mein Weihnachtsgeschenk für meine Eltern und Großeltern.

So sollte Weihnachten sein

Nacht ist es und bitterkalt. Der Schnee knirscht und federt kühlend die Sohlen. Immerhin schön anzusehen, glitzerkalt und funkelnd, erhellt er stimmungsvoll das Dunkel. Weit oben am Firmament strengen sich die Sterne an, ihrem Konkurrenten Paroli zu bieten.

Ein Kind stapft trotzig durch den Schnee, einsam bahnt es sich seinen Weg durch diese stille Nacht. Bibbernd vor Kälte, lauscht es dem knarzenden Geräusch unter den blau gefrorenen Füßen, während es den Blick hoffnungsvoll nach oben richtet auf das Sternenzelt, auf diese Lichterwelt, sinnend, ob ihr Rat auch heute zählt, betend, dass es sich den richtigen wählt. Doch wen könnte es auch sonst schon fragen, wo an jenen bitterkalten Tagen jeder das wärmende Feuer sucht und keiner, nicht mal einer, aus seiner Behausung fortzulocken ist. Über Wurzelarme, Ackerfurchen und Stolpersteine führt sein Weg dahin, viel zu weit für solch kleine Füße. Die Kälte scheint mit jedem seiner Tapser zuzunehmen und färbt nicht nur den Atem weiß, nein, es scheint ihm, seine Lunge wär aus Eis, gespickt mit spitzen kleinen Eiskristallen.

«Soll ich umkehren?», fragt es sich. Doch der Stern leuchtet viel zu hell, er scheint zu rufen: «Beeile dich, schnell!», und so besinnt es sich und stiefelt tapfer weiter.

Die Zeit scheint stillzustehen in jener Nacht, als wäre es schon zu viel, dass sich ein einzelnes Kind darin bewegen will. Der Weg erscheint ihm so unendlich weit, so unfassbar schwer wie Raum und Zeit. Der Stern indessen funkelt unerschrocken seine Botschaft in die Nacht. Auch wenn ihm sonst niemand Beachtung schenkt, sein Licht ist, was des Kindes Schritte lenkt, es förmlich vorwärtsdrängt.

Endlich hat es dann nach Stunden das Ziel gefunden. Mit letzter Kraft stolpert das Kind nun darauf zu, der Stern, der gibt ja keine Ruh!

Im Inneren der Hütte sind plötzlich alle wieder wach! «Was war das für ein Poltern¿» – « Was ist das für ein Krach¿»

Mutter, Vater und vier Kinder ziehen sich eilig etwas über, nicht, dass sie viel Auswahl hätten, und öffnen vorsichtig die Tür.

Auf der Schwelle steht das halb erfrorene Kind und überreicht ihnen seine prall gefüllte Tasche.

Sprachlos staunen sie.

Die Mutter erlangt als Erste wieder ihre Fassung.

«Komm schnell rein! Du bist ja blau gefroren!»

Mit dem unerwarteten Gast kehrt Freude ein in diese kleine Hütte. Das Kind sitzt nun in ihrer Mitte und packt seine Tasche aus: Socken, Fäustlinge, Spielsachen und etwas zu essen. Wer kann dieses Glück ermessen¿ Die anderen Kinder tanzen Freudentänze. «Hurra, nun ist Weihnachten doch noch da!»

Vater und Mutter sehen sich verstohlen an mit Tränen in den Augen, als sie das Strahlen ihrer Kinder schauen, und sagen, zu dem Kind gewandt: «Dich schickt der Himmel!»

Das Kind lächelt nur und nimmt die Stimmung dankbar in sich auf. Ja, dafür nahm es die Strapazen gern in Kauf.

Unbemerkt macht es sich wieder auf den Weg, frisch gestärkt, mit Zufriedenheit und Freude im Herzen. Der Rückweg dauert nicht halb so lang, hat es doch nun den Wind im Rücken. Und von der Last befreit, läuft es in freien Stücken, rennt und hüpft und springt vor Glück über die Stolpersteine, Ackerfurchen und Wurzelarme. Unter dem Sternenzelt scheint es ihm, als sehe es eine neue Welt, eine Welt, die ihm viel besser gefällt. Nun scheint alles friedvoll und rein. Ja, so soll es sein! Das Kind sieht nun die Schönheit in den Dingen, sieht die Tiere des Waldes und die Pflanzen mit neuen Augen an, nimmt das Glitzern und das Funkeln von den Sternen und dem Schnee so richtig wahr, es findet alles einfach wunderbar. Und wie es so läuft und hüpft und vor Freude rennt, geschieht es, dass es einen Plan erkennt und einen Schöpfer dahinter. Hier und jetzt, mitten im tiefsten Winter, ist Weihnachten, geschieht Rettung und Heil!

Als die Mutter später nach ihrem schlafenden Kind sieht, liegt es friedlich lächelnd da, glücklich und ganz entspannt. Sie deckt es sachte zu, fast andächtig, um diese friedvolle Stimmung nicht zu stören. Und als der Vater hinter sie tritt, flüstert sie ihm leise zu: «Im Schlaf sehen Kinder aus wie Engel!»

An der Uni Augsburg trifft sich in unregelmäßigen Abständen eine Gruppe schreibender Studenten, die «Glaskiste», und liest sich reihum ihre neuesten Werke vor. Ab und an bin ich auch dabei. Bei einer dieser wertvollen Gelegenheiten bat ich Mama, meine Geschichte vom «Tor» vorzulesen, und war gespannt auf die Meinung der anderen.

Das Tor

Strahlend steht er da, reckt das blaue Augenpaar dem Himmel entgegen. Blonde Locken kringeln sich verwegen, die Hände verstecken sich verlegen, zärtlich flatternd – der Verblüffung wegen – in den Hosentaschen.

Und während er das Tor bestaunt, denken seine Eltern stolz, er sei sehr gut gebaut, einfach gut gelungen wie eben jenes Bauwerk, welches sie erkunden.

Diese Imposanz haut ihn fast um, und wäre er nicht stumm, verschlüge es ihm nun die Sprache. Doch dies ist eine andere Sache. Noch ahnen seine Eltern nichts, noch sind sie siegesgewiss.

Von der Kirche kommen sie, durch dieses Tor sollen sie, um zu Freunden zu gelangen. Doch mit einem Mal fühlt er sich gefangen, fühlt Zittern und Bangen. Mächtig ragt dies Tor empor, die Eltern drängeln ihn im Chor, er möge weitergehen, doch er bleibt einfach stehen. Hoch oben prangen Lettern in einer fremden Sprache, erzählen steinerne Figuren von einer Sache, die er nicht verstehen will. All dies ist für ihn zu viel. Gedanken steigen dort hinauf, nehmen den Absturz in Kauf, verheddern und verknäulen sich.

Der Pfarrer hatte gerade noch vom Tor erzählt und von der engen Pforte.

Waren dies leere Worte? Hatten die Eltern es nicht gehört? Weshalb sind sie nun empört, wenn er sich an des Tores Größe stört?

So steht er wie versteinert da, auf sich gerichtet Vaters Augenpaar, der denkt: «Was macht er da?»

Ja, es wirkt schon sonderbar, wie diese Familie hier stille steht, während sich rings um sie das Leben dreht, jeder seiner Wege geht, der Verkehr rauscht und niemand mehr dem Pfarrer lauscht …

«Warum ist der Junge nur so stur?» In der Mutter wächst Verzweiflung pur.

Der Vater befiehlt in strengem Ton: «Jetzt kommst du endlich mit, mein Sohn!»

Doch dieser sieht sie staunend an, er fragt sich, wie man nur so blind sein kann. Dies ist gewiss kein Siegestor, Blut und Krieg brachten es hervor. Sie sollten ein enges Tor finden, um die Not zu überwinden.

Und während der Vater weiter tobt, der Verkehr weiter tost, die Mutter den Tränen nahe ist, da dämmert ihm ganz sacht, Gott hat ihn anders als die anderen gemacht. Noch hat keiner nachgedacht, noch hat sich keiner Sorgen gemacht …

Doch wenn sie sein autistisches Geheimnis erkennen, werden sie dann rennen oder die Krankheit beim Namen nennen? Werden sie durch das große Tor der Verständnislosigkeit gehen oder entgegen allen Vorurteilen versuchen zu verstehen, dass sie die Realität nur aus verschiedenen Perspektiven sehen?

Eine düstere Ahnung steigt ganz langsam auf, er nimmt sie sachte in sich auf. Sein Schicksal nimmt ohnehin seinen Lauf. Doch er schwört bei sich:

«Dieses enge Tor, das finde ich! Diese schmale Brücke zwischen euch und mir, zwischen dem Himmel und der Erde hier!»

Trotzig steht er da und reckt das blaue Augenpaar gen Himmel.

Die erste Reaktion der Studenten war Schweigen, dann Lob und der Einwand, der Text enthalte zu viele Reime. Das finde ich nicht, mir gefallen gerade die Reime. Wie gesagt: Meine Sprache ist die der Poesie, selbst in einem Prosatext.

In der folgenden Geschichte habe ich angeknüpft an mein Erlebnis während meiner Operation. Ich war zwar damals weder tot noch scheintot, doch ich nahm das Geschehen trotz Narkose auf sonderbare Weise wahr. Seitdem interessiere ich mich für diese Thematik.

15.11.2012

Späte Erkenntnis

Oft sah er aus dem Fenster und sann nach, während der Schnee schmolz, als die Amseln ein Nest bauten, bei glühender Hitze und auch als sich die ersten Blätter bunt färbten und sachte zu Boden segelten. Lange würde er wohl nicht mehr auf sich warten lassen, der erste Schnee. Ihm graute davor. Nicht, dass ihm das zarte Schauspiel nicht gefallen hätte, dieser lautlose Tanz der Flocken, dieses Ballett aus schillerndem Eis und seine Spuren in klarem, kaltem Weiß. Die Kälte war es, die ihm zu schaffen machte, die seine reglosen Beine umklammerte mit frostigem Griff und langsam, aber stetig höherkroch. Er hatte ihr nichts entgegenzusetzen. Unerbittlich schien ihr Würgegriff, und ungehört verhallten seine stummen Schreie Jahr für Jahr im Tosen des vorweihnachtlichen Treibens. So war es all die Jahre gewesen, so würde es auch diesmal wieder sein: kalt, knapp und hektisch.

«Von wegen still!», lachte er höhnisch in sich hinein. «Und beschaulich!»

Er hielt kurz inne, als Schritte den Flur entlangkamen. Vielleicht kam ja doch mal jemand zu ihm, Besuch, so was sollte doch möglich sein. Fiona war schon lange nicht mehr vorbeigekommen. Vielleicht ... Man durfte die Hoffnung nicht aufgeben ... Die Schritte wurden langsamer, und er ertappte sich dabei, wie er sich das wirre Haar glatt strich. Nicht, dass es viel gebracht hätte. Im Flur war es mit einem Mal ruhig. Angestrengt lauschte er nach dem Verbleib der Schritte. Wo waren sie hin? Sie konnten doch nicht einfach auf halber Strecke versanden, oder?

«Bitte!», mochte er den Schritten zurufen, «bitte lauft weiter! Kommt zu mir … und nicht schon wieder zur Nachbarin!»

Sein Atem ging schleppend und tat nur einen Bruchteil seiner Arbeit. Widerwillig, so schien es, versorgte er die Lungen mit dem Nötigsten. Aus dem Vollen schöpfen konnte man auf diese Weise nicht. Die Schritte klapperten nun wieder über den endlos langen Flur, kamen erneut auf ihn zu und … gingen vorüber.

Die Enttäuschung ließ seine Schultern noch weiter nach unten sacken. Müdigkeit ergriff schlagartig Besitz von ihm. Warum dagegen ankämpfen? Wozu krampfhaft wach bleiben? Für wen sollte er sich zusammenreißen? Es war doch sowieso egal, dachte er stumpfsinnig, als der Nebel ihn umfing. «Sinnlos.»

Ein stechender Schmerz durchzuckte seine Brust und raubte ihm das letzte bisschen Atem.

«Macht auch nichts …», dachte er nach kurzem Schreck und begab sich tiefer in den Nebel. Von weit her konnte er Stimmen vernehmen, sie klangen leise wie durch Watte hindurch und bahnten sich nur mit Mühe den Weg zu seinem Ohr:

«Hallo, Herr Funke! Herr Funke?! Hören Sie mich?» Jemand rüttelte an seinem Arm.

«Ja sicher!», dachte er genervt.

«Aufwachen, Herr Funke! Es ist Zeit für Ihre Therapie!»

«Ach, lasst mich doch in Ruhe!»

Die Rüttelbewegungen wurden heftiger und die Stimmen besorgter. Dies irritierte ihn kurz, aber vermochte ihn nicht zu überzeugen. Umdrehen war nicht das Seine, er war zeitlebens vorwärtsgegangen. Auch jetzt drängte es ihn tiefer in den Tunnel. Schritt für Schritt, unaufhörlich weiter ins Dunkel.

«Seltsam», dachte er sich, «dass ich mich gar nicht fürchte.»

Je weiter er vorwärtsschritt, desto mehr verschwammen die besorgten Stimmen. Andere Stimmen tauchten auf: altbekannte, in Vergessenheit geratene, verschollen gewähnte … Nein, er war nicht allein. Zu den Stimmen gesellten sich Bilder. Sie versetzten ihn in andere Zeiten. So wähnte er sich mit einem Male wieder jung. Hatte er dies nicht schon erlebt⸮ Er war doch fest davon überzeugt gewesen, dass er über diese Sachen hinweg war. Oder⸮

Leicht verunsichert ging er weiter. Angenehme Situationen wechselten sich blitzschnell ab mit weniger schönen Episoden. Weder hier noch dort lud man ihn zum Verweilen ein, im Gegenteil. Er wurde durchgeschleust und weitergereicht. Die rasche Abfolge erinnerte ihn an einen Kinofilm, nur dass dieser eigenartigerweise rückwärtslief. Ihm schwante, dass es sich um sein eigenes Leben handeln könnte, er kannte die Orte, die Beteiligten, und auch die Handlung war ihm sehr vertraut.

Nur mit seiner eigenen Rolle war er nicht zufrieden. Aus seiner jetzigen Perspektive konnte er manche Reaktionen gar nicht mehr verstehen. Ihm wurde schwindlig angesichts all dieser Impressionen. Taumelnd lehnte er sich an die Tunnelwand. Doch wenn er gehofft hatte, die Bilder würden mit ihm stehen bleiben, so wurde er rasch eines Besseren belehrt. Angestrengt, fast fieberhaft, suchte er zu verstehen.

«Ein Film braucht doch einen roten Faden!» Ungebremst zog sein Leben vorüber. «Der rote Faden! Wo ist er bloß⸮» Fieberhaft analysierte er die Stationen seiner Vergangenheit, auf der Suche nach dem gemeinsamen Nenner. Gab es den überhaupt⸮ «Ja!» Mit einem Mal war er sich sicher. Es musste ihn geben, das war der Schlüssel. Ganz bestimmt! «Langsam wirst du wirr!», ermahnte er sich. Was sollte denn der Bettler mit dem schreienden Kind gemeinsam haben⸮ Und was das Fußballtraining mit dem mangelnden Besuch⸮ «Denk nach!»

Unschlüssig taumelte er weiter, während der Film auf sein Ende zusteuerte. Das Ende, das doch eigentlich mal der Anfang gewesen war. «Was nun⸮», fragte er sich, noch immer nicht am Ende mit seinen Überlegungen.

Mit dem Film-Ende war er am Ende des Tunnels angelangt. Gleißendes Licht umfing ihn und vertrieb jedweden Nebel. Hier nun war alles licht und klar. Tiefer, nie gekannter Friede besänftigte sein Gemüt. Seine längst verstorbene Frau lief ihm freudig entgegen, dicht gefolgt *von seinen Eltern. Sie fasste ihn an den Händen und lud ihn ein zu folgen: «Komm!»*

Einen kurzen Moment sträubte er sich: «Aber …» Sein Zögern wurde nicht geduldet.

«Das Rätsel! Ich habe doch das Rätsel noch nicht gelöst!»

«Mach dir keine Sorgen, mein Junge!», mischte sich seine Mutter lächelnd ein. «Hier gibt es von allem, so viel du brauchst!»

Da fiel es ihm wie Schuppen von den Augen. «So viel du brauchst!» Dieser Satz brannte sich ein in sein müdes Denken. Das war es! Das war der Schlüssel! Glasklar erkannte er: Es war nie genug gewesen! Immer hatte einer der Beteiligten Mangel gelitten. Manchmal er und oft durch sein Verschulden der andere! Weil er nie begriffen hatte, dass nicht jeder das Gleiche braucht.

«Gott, verzeih!»

Geistiges Futter und Seelennahrung – meine Lektüre

Neben dem Schreiben und Dichten ist Lesen sicherlich mein größtes Hobby. Oft genug teile ich meine Lektüre mit Mama, wobei ich regelmäßig schneller bin und dann warten muss, bis sie mich eingeholt hat, ehe wir uns darüber austauschen können.

Regelmäßig sorge ich für Erstaunen, wenn ich Bücher nicht nur lese, sondern meinen Senf dazu abgebe in Form von Briefen oder auch Buchbesprechungen.

Die erste Aktion dieser Art war 2007 mein Brief an Pater Anselm Grün, dessen Buch der Fragen mir in genau einem Punkt missfiel: Die Antworten waren sehr philosophielastig und mir definitiv nicht christlich genug. Ich schrieb ihm Folgendes:

Sehr geehrter Herr Grün,

ich bin sehr dankbar, dass Sie Ihr Antwortbuch geschrieben haben und ich es lesen darf. Viele Antworten finde ich sehr hilfreich, manche Zitate variieren die öfter drastische Fragestellung jedoch allzu akzentuiert und irritieren stärker, als dass sie zur Lösung beitragen. Unser christlicher Glaube birgt sehr viel bessere Antworten als sämtliche Philosopie!

Viele Grüße, Raphael

Wieder einmal wusste Mama nicht so recht, wohin mit meinem Brief. Schließlich reichte sie ihn über den Gartenzaun, Anselm Grüns Bruder ist zufällig ein Nachbar. Ein paar Wochen später erhielt ich Antwort. Ja, ich habe recht. Das sei auf Wunsch des Verlages so geschrieben worden.

Weit besser gefiel mir das Mutmachbuch «Yes you can», dessen Autoren Jugendlichen weit mehr zutrauen als üblich. Es ist amerikanischen Ursprungs und entsprechend euphorisch. Aber sein positiver Grundtenor motiviert ungemein:

Neulich kreuzte ein Buch von Alex und Brett Harris aus dem Gerth-Verlag meinen Weg, der Titel «Yes you can» weckte meine Aufmerksamkeit. Die amerikanischen Zwillinge, beide gerade mal achtzehn Jahre alt, schreiben für Teens, was sie selbst die letzten Jahre erleben durften. Sie räumen auf mit dem Mythos, Jugendliche könnten keine Verantwortung übernehmen, und machen stattdessen Mut, die Teeniejahre sinnvoll zu nutzen als Sprungbrett fürs Leben, denn es gibt Wichtigeres als Mode, Sport, Computer und Abhängen. Das Buch ist voller Tipps, und zahlreiche Lebensberichte spornen an, sich selbst auch endlich mal zu engagieren – für eine gute Sache und mit Gottes Hilfe, mit dem Ziel, das volle Potenzial auszuschöpfen, damit das Leben aller besser wird. Alex und Brett geben dem Ganzen auch einen Namen: «Rebelution», ganz recht, das ist die Mischung aus Rebellion und Revolution.

Viele interessante Hinweise und Tipps finden sich auch auf ihrer Homepage: www.therebelution.com

Mich haben sie überzeugt. Machst du auch mit?[4]

«Die Würde des Menschen ist unantastbar», so unser Grundgesetz. Leider wird allzu häufig bewusst oder unbewusst gegen dieses Gesetz verstoßen. Stephan Marks hat hierüber ein faszinierendes Buch geschrieben: «Die Würde des Menschen oder: Der blinde Fleck in unserer Gesellschaft». Er schult Lehrkräfte, um künftig Amokläufe an Schulen zu unterbinden. Seine psychologische Sichtweise des Themas Würde und die Verletzungen in diesem Bereich fand ich sehr aufschlussreich. Ich empfehle die Lektüre dieses Buches allen Lehrern, die es gut mit ihren Schülern meinen. Ein signiertes Exemplar habe ich damals Herrn Christian Wulff überreicht, um auf dieses vernachlässigte Thema hinzuweisen.

Auch Giovanni di Lorenzo, Chefredakteur der Wochenzeitung «DIE ZEIT», bekam Post von mir. Der Artikel über ein behindertes Mädchen erregte meinen Widerstand.

15.10.2011

Sehr geehrter Herr di Lorenzo,

kürzlich durfte ich Ihnen und Herrn Hacke zuhören, als Sie aus Ihrem Buch vorlasen. Es war auf der Matinée im Schloss Bellevue anlässlich des Lehrertages am 5. Oktober dieses Jahres. Während ich fasziniert Ihrem Vortrag lauschte und den festen Vorsatz fasste, Ihr Buch zu lesen, haben Sie mich vermutlich nicht einmal wahrgenommen.

Oder vielleicht doch? Ich war der einzige Rollstuhlfahrer auf dieser edlen Veranstaltung und so frech, anfangs noch etwas in mein iPad zu tippen. Hoffentlich können Sie mir meine Unhöflichkeit verzeihen. Stumm, wie ich bin, bleibt mir nur die Möglichkeit zu schreiben, und dies auch nur dann, wenn sich jemand erbarmt und mir die Hand stützt. Man nennt das FC oder Gestützte Kommunikation. Es ist umständlich, umstritten und erfordert leider mehr Zeit als das gesprochene

Wort, aber es ist ein Segen für mich und viele meiner Leidensgenossen und die betroffenen Familien.

An jenem Mittwoch schrieb ich meinen Kommentar zu Herrn Wulffs Ansprache und die Bitte, er möge sich dem Thema der Inklusion annehmen, wohlwissend, dass mir nicht genug Zeit bleiben würde, dies während eines Gesprächs zu tun.

Ihr Buch hat mich begeistert, ein Artikel in der ZEIT tat das Gegenteil. Ich spreche von dem Artikel «Anna und die Denkfehler» vom 22. September 2011. Um Denkfehler scheint es sich in der Tat zu handeln, wenn auch gänzlich anders als hierin impliziert. Wenn Annas Eltern und Lehrer wissen möchten, was in Annas Kopf vorgeht, so empfehle ich dringend, das Gestützte Schreiben auszuprobieren. Womöglich kann Anna bereits lesen und schreiben, ist aber nicht in der Lage, dies von sich aus zu zeigen.

Ich spreche aus Erfahrung, auch mir wurde attestiert, es mache keinen Sinn, die Buchstaben mit mir zu üben! Es besteht durchaus die Möglichkeit, dass ein Mensch in der Lage ist, klar zu denken und so zu empfinden wie andere auch, und dies schlicht nicht zu zeigen vermag. Ähnlich einem Computer, der bei intakter Hardware und Software Gefahr läuft, entsorgt zu werden, da sein Bildschirm defekt ist.

Und selbst wenn Annas Welt eine andere wäre, so wie meine autistische Wahrnehmung nur selten deckungsgleich mit Eurer «normalen» Wahrnehmung ist, wer vermag schon mit objektiver Sicherheit zu sagen, wessen Realität nun realer ist, nehmen wir doch alle nur Ausschnitte der Wirklichkeit wahr. Jeder erkennt nur einen kleinen Teilbereich und verteidigt diesen tapfer als «die Wahrheit».

Mir gefällt der Vergleich mit einem Fenster. Wo steht geschrieben, dass alle Menschen durch dasselbe Fenster blicken müssen, wo wir doch gerade auf unsere Individualität so stolz sind? Es könnte doch auch eine Bereicherung darstellen, von anderen Fensterausblicken zu erfahren!

Eines bedrückt mich besonders: Ermisst sich der Wert eines Menschen nur durch seinen IQ? Ist der Mensch nicht mehr wert? Weshalb sprechen alle von Defekten statt von Varianten? Hat nicht jeder

Mensch Stärken und Schwächen, welche sich idealerweise ergänzen? Anna scheint ein soziales Talent zu haben, welches vielen Gesunden fehlt. Wurde auch der emotionale und soziale IQ bedacht?

Und geht unserer Gesellschaft nicht viel verloren, wenn so viele Mitglieder mit dem Stempel der Mangelhaftigkeit bedacht werden? Tun wir uns und unserer Gesellschaft einen Gefallen, wenn Themen wie Krankheit, Behinderung und Tod tabuisiert und die Betroffenen aus dem öffentlichen Leben ausgeklammert werden? Sie nehmen mir hoffentlich nicht übel, wenn ich die Bezeichnung «Behinderung» nicht leiden mag. Das amerikanische «special needs» trifft die Sache eher und respektiert dabei die Würde der Betroffenen.

Es bedarf inklusiver Schulkonzepte, wenn Vorurteile abgebaut und Berührungsängste verringert werden sollen. Nur wenn schon im Kindesalter Toleranz gefördert und ein normaler Umgang miteinander erlernt wird, hat unsere Gesellschaft die Chance, besser zu werden, und davon profitieren alle: die Migranten ebenso wie Behinderte, die Alleinerziehenden, die Reichen und die Armen, Gesunde und Kranke.

Es ist noch ein weiter Weg, bis die UN-Konvention umgesetzt und gelebt wird, und mitunter scheint die Wegstrecke in Deutschland länger zu sein als in unseren europäischen Nachbarländern. DIE ZEIT ist ein renommiertes Blatt. Bitte nutzen Sie Ihren Einfluss, Dinge zum Positiven zu verändern!

Herzlichen Dank!
Ihr Raphael Müller

Herr di Lorenzo antwortete tatsächlich. Die Antwortbriefe von Frau Bundeskanzlerin Merkel, Herrn Bundespräsident a.D. Christian Wulff, Herrn Bundestagsvizepräsident a.D. Eduard Oswald, Pater Anselm Grün und Giovanni di Lorenzo und meine Urkunden hüte ich wie einen kleinen Schatz. Mag sein, dass manche Briefe delegiert wurden, doch die Unterschriften sind echt und lassen mich hoffen, dass mein Anliegen wahrgenommen wird.

Mein Lieblingsroman ist «Was würde Jesus tun?» von Garrett W. Sheldon. Den finde ich wirklich gelungen. Ebenso die beiden Filme. Leider gibt es sie bisher nur auf Englisch. Und die Frage «WWJD?» (What would Jesus do?) ist wahrlich inspirierend. Es ist schon toll, dass es einem Roman gelingt, Tausende von Lesern anzuregen, ihr eigenes Leben zu überdenken und das Gelesene praktisch anzuwenden. Auch mir gefällt es, über diese Frage nachzusinnen, selbst wenn ich nur wenig tun kann. Meist ändere ich daher die Frage ab in: «Was würde Jesus denken?»

Raphael beim Geburtstag seiner Oma im Oktober 2011.

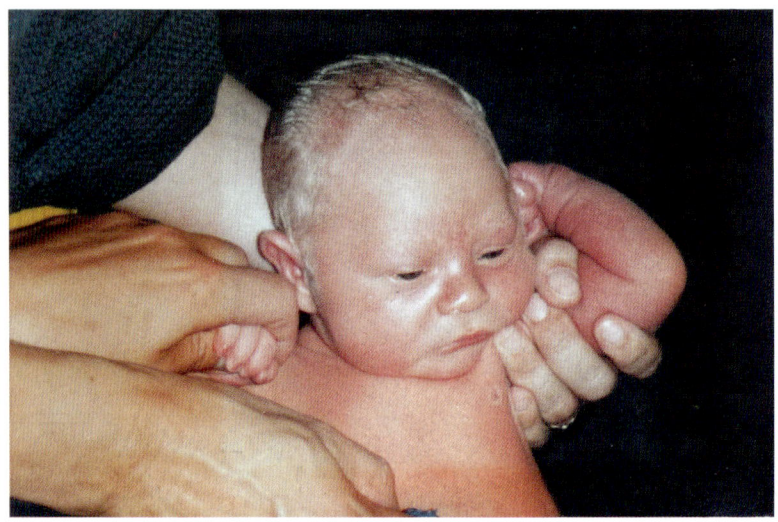

Das erste Mal daheim in der Badewanne, Raphael ist fünf Tage alt.

Beim Babyschwimmen 2001 (Foto: Kathrin Dietrich).

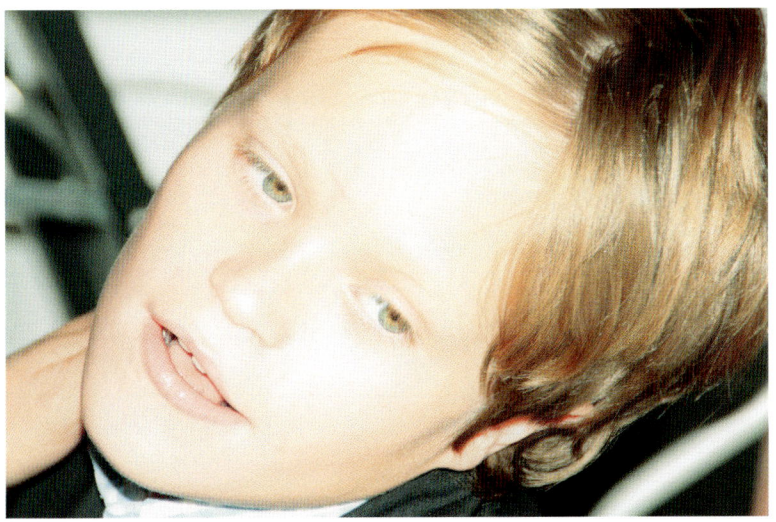

Konzentriertes Zuhören.

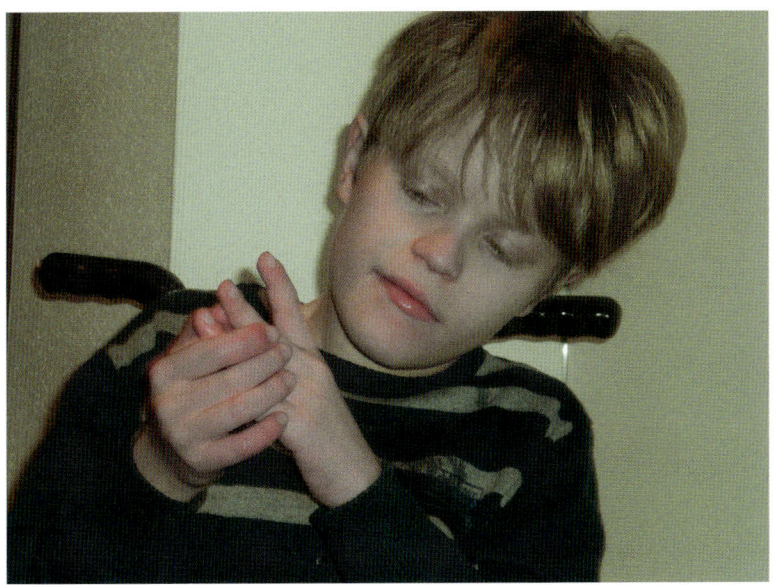

Raphael überlegt sich einen schlauen Text. Das Spielen mit den eigenen Händen signalisiert, dass er bald schreiben möchte.

2004: Raphael läuft mit Hilfe eines Laufgerätes (NF-Walker).

Der Anfang einer ganz speziellen «Schulkarriere»!

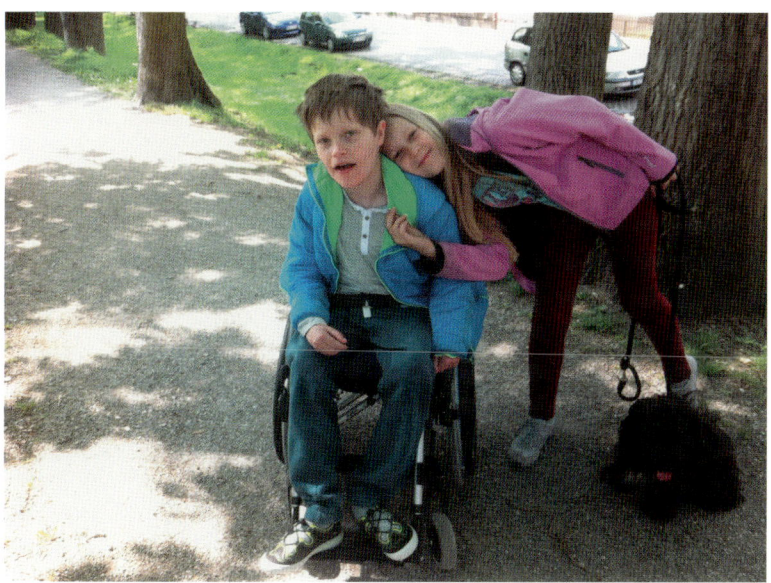

Mit Schwester Hannah und Hund Sammi.

Mit der Mutter beim Zeitungsworkshop (Foto: Angelina Bürth, 2012).

Raphael unterhält sich mit Barbarella Petz. Sie stützt ihn, er tippt auf seinem Schreibgerät, einem Alpha Smart 3000.

Raphaels Schwester Hannah.

Die Eltern Tino und Ulrike Müller.

Ein Küsschen für Delfin Alfonz, bei der ersten Delfintherapie 2005 in Key Largo, Florida, mit Therapeutin Gail (Foto: DHT 2005).

Delfintherapie in Curaçao mit Therapeutin Heike und Delfin Mateo, 2009 (Foto: CDTC).

Eine weitere Delfintherapie in Curaçao, wieder mit Therapeutin Heike und Delfin Mateo, 2011 (Foto: CDTC).

Intensive Momente mit Therapeutin Heike und Delfin Mateo, 2011 (Foto: CDTC).

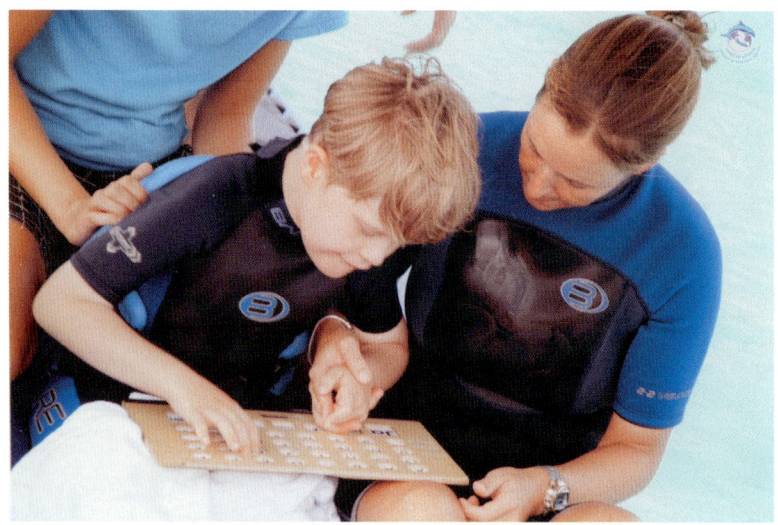

Curaçao 2009: Therapeutin Heike will sich mit Raphael unterhalten.
Sie nutzen die Holztafel, mit der er damals angefangen hatte zu schreiben.
Doch Raphael begrüßt erst mal seine Freunde, die Buchstaben:
Er streichelt sie mit der ungestützten rechten Hand.

Curaçao 2009: Ausruhen am Strand nach der Delfintherapie.

Hoch zu Ross bei der Hippotherapie. Hinter dem Pferd steht die Therapeutin Heidi Leimbeck.

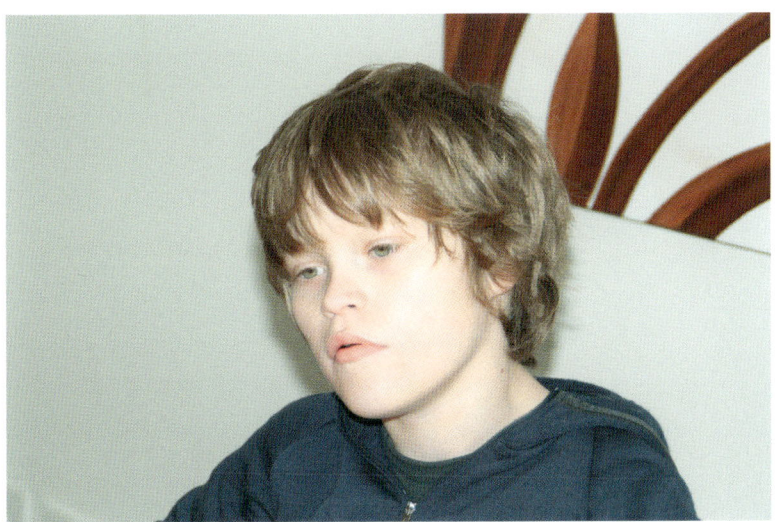

2014: Ein nachdenklicher «Chillosoph»!

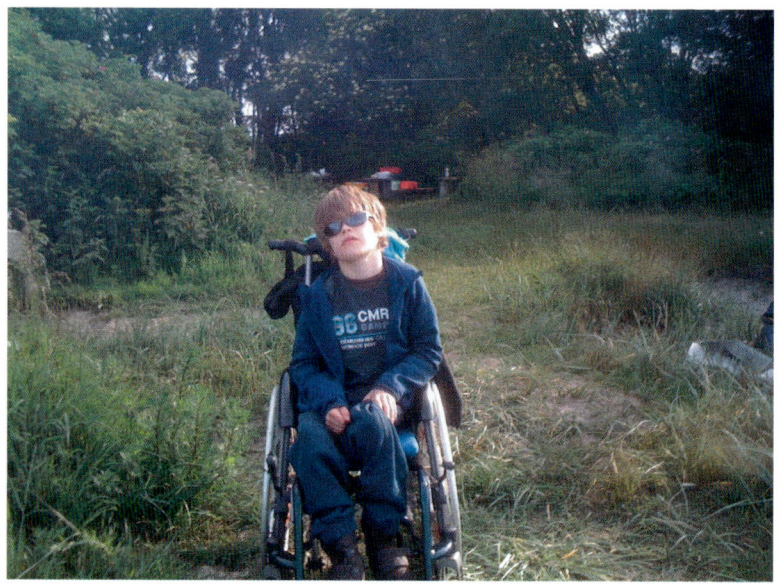

Juni 2012: Ausflug an den Ostseestrand im Rahmen des Zeitungswork-shops der Körber-Stiftung.

Raphael freut sich über den Besuch von Barbarella Petz (Foto: Angelika Petz).

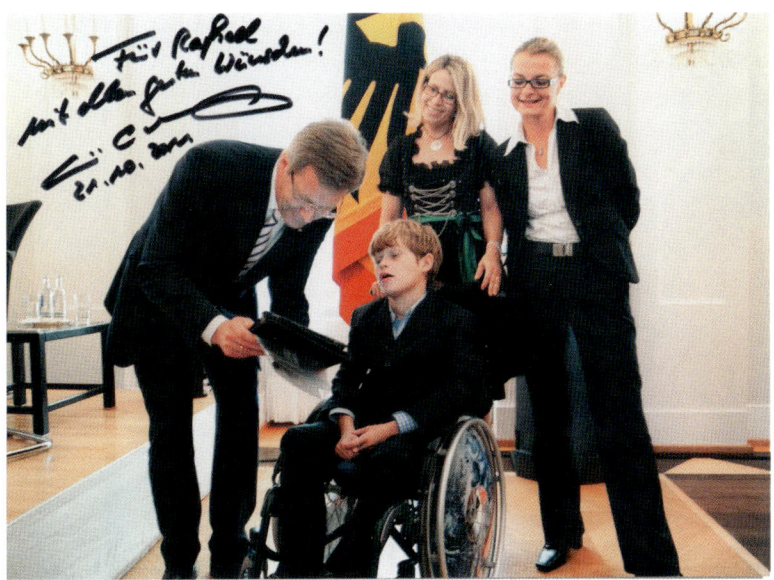

Im Anschluss an die Matinée: Bundespräsident a.D. Christian Wulff liest die Botschaft, die Raphael für ihn geschrieben hat; hinter Raphael stehen seine Mutter und Frau Dollinger (Foto: Bundesregierung /Ole Krünkelfeld).

Raphael mit seiner Lehrerin Katharina Dollinger vor dem Schloss Bellevue, unmittelbar vor der Matinée im Oktober 2011.

Zwei richtig gute Freunde: Raphael und seine Mutter, die Zahnärztin Dr. Ulrike «Uli» Müller.

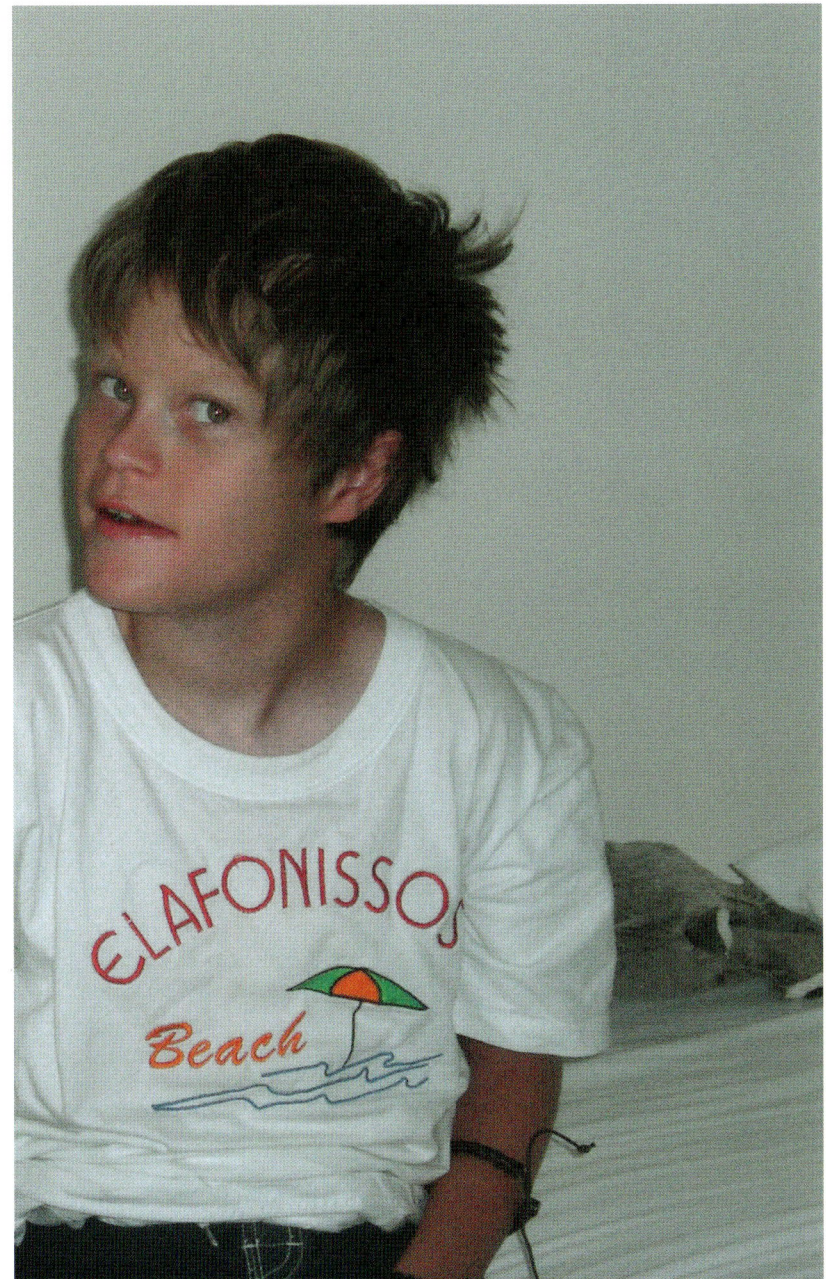

Mit den Klassenkameraden der 10. Klasse bei den Orientierungstagen
(Foto: StR Katharina Dollinger).

4. Lichtblicke

Es kann frustrierend sein, keine Noten zu bekommen. Ich weiß, dies würden nur wenige Schüler unterschreiben. Doch ich bleibe dabei: Wenn alle anderen Noten und damit ein unmittelbares Feedback ihrer Leistungen erhalten, dann kommt man sich seltsam und orientierungslos vor, wenn man, aus welchem Grund auch immer, ausgespart wird.

Meine Befreiung von der Leistungspflicht sollte Stress rausnehmen aus der ungewöhnlichen Anwesenheit eines Schwerbehinderten in der Klasse des örtlichen Gymnasiums und eventuell besorgten Eltern meiner Klassenkameraden den Wind aus den Segeln nehmen. Außerdem lässt mein labiler Gesundheitszustand nur selten einen verlässlichen Unterrichtsbesuch zu. Praktisch sieht das so aus, dass ich in Prüfungssituationen den Raum verlasse und Schulaufgaben oder Exen separat bearbeite. Manche Lehrer sind so freundlich, die Arbeiten nicht nur zu korrigieren, sondern mir auch zu verraten, welche Note es gewesen wäre. Ich durfte allerdings auch schon rot korrigierte Blätter bestaunen ohne den leisesten Schimmer, ob meine Leistung nun supergut, akzeptabel oder grottenschlecht war.

Mama erkannte meine Not und begann meine Texte bei Literaturwettbewerben einzureichen. Hierbei war das Feedback größer, ich erhielt zwar nicht immer den ersten Preis, aber eine ganze Reihe von Texten, zumeist Lyrik, wurde im Rahmen von Anthologien gedruckt. Diese Werke nehmen einen beachtlichen Teil in der Vitrine unseres uralten Bücherschrankes ein, und ich freue mich jedes Mal, wenn eines dazukommt. Doch noch viel schöner wäre es, komplett eigene Gedichtbände in Händen zu halten und verschenken zu können.

Wertvolles Feedback: Wettbewerbe

Einer der ersten Wettbewerbe war der international ausgeschriebene Wettbewerb der österreichischen Jugendzeitschrift «Perplex». Ich gewann den ersten Preis in meiner Altersgruppe und durfte mit meiner Mutter nach Wien zur Preisverleihung fahren.

Ich war so aufgeregt! Bloß gut, dass es mittlerweile Navis gibt, sonst wären wir vermutlich dem Wiener Berufsverkehr zum Opfer gefallen. Mein Lautstärkepegel wuchs proportional mit dem Lampenfieber, und das machte die Sache nicht besser. Wie war das wohl auf der Bühne? Würden mich alle anstarren? Wie würden die Leute reagieren, wenn sie sahen, dass ich behindert bin?

Mama hatte mit ganz anderen, praktischen Themen zu kämpfen: Wie überhaupt zum Veranstaltungsort gelangen, wo einen Parkplatz finden, und wie kommt man mit dem Rollstuhl bitteschön in den ersten Stock?

Unsere Sorge war unbegründet, zwei freundliche Herren halfen uns die Stiegen hinauf, und ich wurde genauso nett behandelt wie die anderen Kinder. Nur der Weg vom Platz zur Bühne gestaltete sich mit dem Rollstuhl etwas schwierig, weil der Raum so voll war, dass die Leute auf dem Gang standen und den Weg versperrten. Ausgerüstet mit Urkunde und Fotos, konnten wir schließlich die Heimreise antreten.

Seit mehreren Jahren nehme ich an den Lyrikwettbewerben des Frankfurter Literaturverlages und der Bibliothek deutschsprachiger Gedichte teil, und jedes Mal wurden meine Gedichte in die Anthologie aufgenommen. Beim Wettbewerb des Literaturpodiums haben die Autoren, deren Gedichte in die Auswahlrunde gelangen, die Option, mehrere Gedichte drucken zu lassen. Diese Möglichkeit nutze ich gerne, daher sind in Etappen achtzehn Gedichte im Engelsdorfer Verlag erschienen.

In Abständen durchforste ich die Liste der laufenden Literaturwettbewerbe auf www.uschtrin.de. Dann kontrolliere ich, was ich zu den geforderten Themen schon geschrieben habe. Meist aber nehme ich die Themen als Anregung für neue Texte und freue mich über den neuen «Arbeitsauftrag». Häufig genug scheidet mein Beitrag aufgrund des geforderten Mindestalters aus, und manchmal wohne ich schlicht am falschen Ort. Aber die meisten der von mir eingesandten Texte landen zumindest auf der Auswahlliste, und das motiviert mich ungemein.

2010 wagte ich mich erstmals an Kurzgeschichten heran. «Die Straße» landete auf Platz achtzehn von 287 eingesandten Texten bei JunDesk.

Den Höhepunkt bildete bislang der Geschichtswettbewerb des Bundespräsidenten, der von der Körber-Stiftung ausgetragen wird. Er startet alle zwei Jahre am 1. September und läuft bis zum 28. Februar. Ich bekam die Ausschreibung für 2010/11 am 5. Februar 2011 zu Gesicht. Das Thema lautete «Skandale in der Geschichte», und ich beschloss zum großen Erstaunen meiner Eltern, spontan mitzumachen. Gefordert war ein lokaler und eventuell persönlicher Bezug zum gewählten Thema sowie ein Arbeitsbericht für den Bundespräsidenten und die Jury. Als Erstes bemühte ich das Internet und fand einen Skandal, meinen Heimatort und das Thema Behinderung betreffend. Bingo. Damit stand mein Thema fest: Ich würde in einem ersten Teil das Schicksal Behinderter quer durch die Geschichte darstellen, von der Steinzeit bis heute. In einem zweiten Teil wollte ich an dem konkreten Beispiel aufzeigen, welche Verhaltensmuster zutage traten und dass Inklusion eine mögliche Lösung bietet, um derlei Konflikte zukünftig zu vermeiden.

Google war hilfreich bei der Recherche, die betroffene Familie noch viel mehr. Ich tippte mir die Finger wund. Es war wie im Rausch. Meine Klassenkameradin Barbarella zeichnete ein passendes Titelbild, einen Schmetterling mit gebrochenem Flügel. Papa ergriff mit Hannah die Flucht und fuhr zum Skifahren, während Mama und ich mit der Formatierung kämpften. Am Abgabetermin ließen wir fünfzig Seiten (28 Seiten Text plus Anhang) binden und schickten sie per Post auf die Reise. Rund 3600 Schüler beteiligten sich bundesweit. Meine Arbeit wurde mit einem der elf bayerischen Landespreise ausgezeichnet, die Preisverleihung fand am 5. Oktober 2011 im Historischen Rathaus von Nürnberg statt. Aufgrund einer Terminüberschneidung nahm mein Freund Florian die Urkunde für mich entgegen.

Matinée im Schloss Bellevue

Im Sommer 2011 erhielten die Teilnehmer des Geschichtswettbewerbes eine Anfrage der Körber-Stiftung, wer seinen Tutor besonders empfehlen wolle. Es sei eine Veranstaltung für den Weltlehrertag geplant und man suche Lehrer-Schüler-Duos.

Nun, als Tutorin im Geschichtswettbewerb hatte meine Mutter fungiert, es war ja alles sehr spontan, und daher war keine Zeit geblieben, einen Lehrer zu suchen, der den Wettbewerb begleiten wollte. Aber ich las das Schreiben der Körber-Stiftung, und mir war klar, dass Frau Dollinger ein dickes Lob verdient hatte. Sie hatte mich seit der fünften Klasse begleitet, andere Lehrkräfte ermutigt, in Krisenzeiten vermittelnd eingegriffen und mir eine Generaleinladung für ihren Unterricht erteilt. Wenn bei mir eine Freistunde entstand und ich nicht wusste, wohin, dann durfte ich zu ihr in den Unterricht, egal in welcher Jahrgangsstufe.

Ich setzte mich also hin und formulierte ein Empfehlungsschreiben. Pünktlich zu meinem Geburtstag am 24. September 2011 flatterte eine Einladung ins Haus. Man lud Frau Dollinger und mich nebst einer Begleitperson zu einer Matinée des Bundespräsidenten anlässlich des Weltlehrertages nach Berlin ein, ins Schloss Bellevue. Zeitpunkt: 5. Oktober 2011, 11 Uhr.

Wow! Ich war erst einmal sprachlos. Welch ein Geburtstagsgeschenk! Dann bemerkte ich das Datum: 5. Oktober … Da war doch … Genau! Das war der Tag der Preisverleihung an die bayerischen Landessieger in Nürnberg.

Was nun? Ich entschied mich für den Bundespräsidenten und bat Florian, die Urkunde in Nürnberg für mich in Empfang zu nehmen. Doch dann stand ich vor der nächsten Hürde: Frau Dollinger war erkrankt und für längere Zeit krankgeschrieben. Konnte sie überhaupt mit? Durfte sie an der Veranstaltung teilnehmen?

Wir baten Rektor Haunschild um Erlaubnis und nahmen per E-Mail Kontakt mit Frau Dollinger auf. Schließlich stand fest, sie bekam eine Sondererlaubnis und würde mitkommen. Ich war überglücklich!

Am 4. Oktober fuhren Mama und ich mit dem Zug nach Berlin, wo wir eine Nacht im Motel One übernachteten. Beim Frühstück trafen wir Frau Dollinger und gingen gemeinsam zum Schloss. Zeitgleich fuhren Papa, Florian, meine Schulbegleitung Marina, der Behindertenbeauftragte unserer Stadt, Herr Koppold, sowie Barbarella mit ihrer Mutter nach Nürnberg, um an der Preisverleihung teilzunehmen.

Die Sicherheitskontrollen beim Schloss erinnerten mich stark an einen Flughafen. Die Taschen wurden gescannt, und ohne Ausweis und Einladungskarte kam niemand hinein. Aufgrund des Rollstuhls durfte ich einen Lift benutzen und wurde auch im Schloss über ein paar Schleichwege gelotst. Aber trotz Umwegen gelangten wir rechtzeitig zum Veranstaltungsort und wurden fürstlich belohnt.

Zur Begrüßung des Bundespräsidenten erhoben sich alle – außer mir, er möge es mir verzeihen. Das Ambiente war grandios, die Veranstaltung selbst famos! Die Podiumsdiskussion mit dem Herrn Bundespräsidenten Christian Wulff wurde von Herrn Kerner gekonnt moderiert. Fünf der insgesamt zwanzig Lehrer-Schüler-Paare wurden dem Publikum vorgestellt, und nach der Pause durften wir sogar noch einer Dichterlesung lauschen: Giovanni di Lorenzo und Axel Hacke lasen aus ihrem neuesten Werk «Wofür stehst Du?». Alles sorgsam umrahmt von klassischer Musik.

In der Pause verwöhnte man uns mit edlen Häppchen. Im Anschluss an die Veranstaltung hatten wir die Gelegenheit, den Bundespräsidenten persönlich zu sprechen. Dabei habe ich Herrn Wulff prompt auf das Thema der Inklusion aufmerksam gemacht. Bei dieser Gelegenheit war auch ein Fotograf zugegen. Die Fotos wurden uns einige Zeit später zugesandt, eines davon handsigniert vom Bundespräsidenten.

Schwer beeindruckt machten wir uns am frühen Nachmittag auf den Heimweg. Ich wäre zu gerne länger geblieben in diesem entzückenden Schloss mit seiner überraschend heimeligen Atmosphäre. Wir waren noch nicht bei den Schlosspforten angelangt, da war mir klar, dass ich eine erneute Einladung bestimmt nicht ablehnen würde. Zu einem Bundessieg hat es dann aber doch nicht gereicht ... Wäre auch unfair gewesen gegenüber allen, die sich tatsächlich ein halbes Jahr lang geplagt haben.

Zurück flogen wir von Berlin nach München, da es sonst recht spät für mich geworden wäre. Papa kam direkt von der Veranstaltung in Nürnberg und holte uns am Münchener Flughafen ab. Wir hatten alle reichlich viel zu erzählen.

Kontakt mit der Presse – Zeitungsworkshop

Durch den Landessieg beim Geschichtswettbewerb wurden die Aichacher Nachrichten und die Aichacher Zeitung auf mich aufmerksam und veröffentlichten jeweils einen Bericht. Dazu bekam ich die Fragen schon im Vorfeld per E-Mail zugesandt. Somit hatte ich ausreichend Zeit, sie zu beantworten. Die Reporterinnen kamen dann noch zu einem Gespräch und für Fotos vorbei. Auch sie mussten feststellen, dass es gar nicht so leicht ist, mich abzulichten.

Für die Bundes- und Landessieger hält die Körber-Stiftung neben der Preisverleihung die Teilnahme an einer Reihe besonderer Veranstaltungen bereit. Für die Zehn- bis Fünfzehnjährigen wurden Workshops angeboten, die im Juni 2012 in Scheersberg nahe Flensburg von der Körber-Akademie Junge Talente ausgetragen wurden. Sie betrafen die Themen Film, Theater und Zeitung. Ich meldete mich für den Zeitungsworkshop an und bekam auch tatsächlich einen der begehrten Plätze.

Mama nahm Urlaub und begleitete mich durch eine Woche Jugendherberge, Intensiv-Schreibtraining und maximalen Spaß. Wir waren motiviert bis in die Haarspitzen und erstellten doch tatsächlich unter der Regie von Christian Wermke, damals freier Journalist und Dozent, eine zehnseitige Zeitung mit Textsorten verschiedenster Art.

Die beiden anderen Workshops waren nicht minder fleißig. Vier Kurzfilme wurden gedreht, geschnitten und vorgeführt, und die Uraufführung eines selbst geschriebenen Theaterstücks verzauberte das Publikum. Morgens regte Politisches in der Morgenoase zum Nachdenken an, mittags gab es Sport und Spiele für alle, die wollten und konnten. Die Bewirtung war für eine Jugendherberge wahrlich fürstlich, und selbst auf meine Besonderheiten wurde Rücksicht genommen. Es gab sogar eine Wanderung an die Ostsee mit Picknick am Strand und Public Viewing des EM-Halbfinalspiels Deutschland gegen Italien.

Die Woche verging wie im Flug, und ehe wir uns versahen, saßen wir wieder in Bus und Zug Richtung Heimat. Am Samstag nahm ich mir eine Auszeit und verschlief den größten Teil des Tages. Doch schon am Sonntag packte mich der Rappel, und ich versuchte – auf Anraten von Christian Wermke –, das Erlernte umzusetzen. Der folgende Artikel erschien in der Aichacher Zeitung:

Von Lautproben, Filmcuts und Artikeln:
Preisträger des Bundesgeschichtswettbewerbs erkunden neues Terrain

Dreizehn Schüler unterschiedlichster Klassen sitzen hoch konzentriert um einen großen Konferenztisch und diskutieren eifrig über einen Titel.

Auf besagtem Tisch liegen bunt durchgemischt die Überreste verschiedenster Zeitungen, man merkt ihnen die Leseattacken an. Wenig später wird jeder der Anwesenden wieder hinter seinem Laptop verschwinden und gegen die Zeit antippen, denn die Artikel müssen fertig werden.

Nebenan sind die Filmemacher am Werk und schneiden ihr Material mit Feuereifer, während die Schauspieler im Ballsaal um die Wette proben.

Insgesamt sind es 37 Schüler zwischen elf und sechzehn Jahren, die sich auf der internationalen Jugendbildungsstätte Scheersberg nahe Flensburg an der Ostseeküste eingefunden haben. Die Körber-Stiftung hatte die Preisträger des Geschichtswettbewerbs des Bundespräsidenten zu dieser Projektwoche Ende Juni im Rahmen der Akademie Junge Talente eingeladen.

Die Teilnehmer konnten an einem der drei Workshops teilnehmen. Die Theaterleute erarbeiteten aus dem Nichts heraus ein Stück «Rund um die Erdbeere», welches am Freitag unter der Regie von Imke Trommler, einer Hamburger Schauspielerin, gekonnt uraufgeführt wurde. In der Filmwerkstatt entstanden mit Ingo Mertins vom Scheersberg drei Kurzfilme zum Thema Coca-Cola. Auch diese durften am Freitag unmittelbar vor der Abreise bewundert werden.

Der Zeitungsworkshop, dem Christian Wermke, freier Journalist, zur Seite stand, erfasste das Geschehen dieser Woche auf dem Scheersberg in einer eigenen, zehnseitigen Zeitung. In verschiedenen Rubriken erprobten die Teilnehmer das breite Spektrum der journalistischen Kunst, von einer Serviceseite im Boulevardstil bis hin zu politischen Meldungen, Reportagen, Interviews, Rezensionen, Kommentaren und einer Glosse.

Das Ergebnis kann sich sehen lassen. Jeder der abreisenden Teilnehmer bekam ein Exemplar als Reiselektüre und Erinnerungsstück ausgehändigt. Ich selbst durfte an diesem Zeitungsworkshop teilnehmen, eine Erfahrung, die ich keinesfalls missen möchte! Wir haben viel gearbeitet, noch mehr gelernt und hatten dabei jede Menge Spaß! Die Organisation dieser Woche war perfekt, sogar ein Ausflug zum Ostseestrand und ein Public Viewing des Halbfinalspiels standen auf dem

Programm. Nach dem Frühstück gab es einen politischen Tagesstarter. Karsten Biermann, auf dem Scheersberg für «die Stärkung der Demokratie» zuständig, bot uns täglich Stoff zum Nachdenken.

Wahres Lob gebührt den Workshop-Leitern: Imke Trommler, Ingo Mertins und Christian Wermke, die uns fachkundig anleiteten und herausforderten. Arbeitsintensive Tage und sogar Nachtschichten hielten uns auf Trab. Doch unsere Projekte waren all die Mühe wert – darin waren sich alle einig!

01.07.2012 Raphael Müller

Chefredakteur Bernd Herrmann bot mir auch an, mich an einer Sonderaktion der Aichacher Zeitung zu beteiligen. Das Thema «Zeit» sollte von mehreren Personen und aus deren unterschiedlicher Perspektive beleuchtet werden. Ich durfte eine ganze Zeitungsseite gestalten. Neben dem folgenden Artikel und ein paar einleitenden Zeilen wurden auch drei meiner Gedichte gedruckt. Noch heute erinnern sich die Leute und sprechen uns darauf an. Ich möchte Ihnen diesen Artikel nicht vorenthalten, da er mir sehr viel bedeutet.

Zeit – der dehnbare Begriff

Zeit ist dehnbar, zumindest manchmal. Besonders beim Warten und während langweiliger Schulstunden nimmt sie eine zähe, gummiartige Konsistenz an. Kauen sollte man sie können! Bisweilen tut sie das Gegenteil und gefällt sich in der Rolle eines Sprinters, dann hat unsereins das Nachsehen. Nur selten sind wir uns einig – meine Zeit und ich. Und wie geht es Ihnen?

Es hat schon eine besondere Bewandtnis mit dieser vierten Dimension, die es streng genommen ja gar nicht gibt und die dennoch Allüren zeigt wie ein Alleinherrscher, der uns tagtäglich knechtet und bevormundet. Relativitätstheorie und Quantenphysik haben sie entlarvt und ihr den Tarnmantel geraubt, der uns vorgaukelte, Zeit würde nur in eine Richtung laufen, wäre absolut und absolut unbeeinflussbar. Heute sind wir eines Besseren belehrt, doch wahrlich hilfreich ist dieses Wissen nicht – zumindest nicht im Alltag.

Zeit kann zwar, so die Erkenntnis der Physiker, theoretisch und entsprechend den Naturgesetzen auch rückwärtslaufen. Aber in aller Regel weigert sie sich, dies auf Wunsch zu tun! Zeit ist durch uns ebenso wenig zu kontrollieren wie der Raum. Die vierdimensionale Kombination dieser beiden, die «Raumzeit», bestimmt uns – nicht umgekehrt. Und so leben wir, mit Uhren bewaffnet, unser Leben.

Unsere Geschwindigkeit, unsere Bewegung im Raum und die Begegnung mit anderen (Massen) haben laut Physik einen Einfluss auf die Zeit, der für uns leider nicht wahrnehmbar ist. Erkennbar ist nur die unterschiedliche Wahrnehmung, das jeweils unterschiedliche Zeitempfinden.

Womit wir beim Thema wären: Zeit und Zeitempfinden sind eng mit unserem Bewusstsein verknüpft, sind somit nicht absolut, sondern relativ wie unser Weltbild und das, was wir als Realität bezeichnen. Und das bedeutet wiederum: Jeder nimmt Zeit anders wahr. Selbst die gleiche Situation wird von mehreren Personen unterschiedlich wahrgenommen. Und da unser Stoffwechsel je nach Tagesform so oder so funktioniert, empfindet auch eine Person Zeit nicht immer exakt gleich.

Mir scheint, dies ist ein schwieriges Kapitel. Die Uhr gaukelt mir ein gleichmäßiges Fortschreiten der Zeit vor, das sich höchst selten mit meinem Empfinden verträgt. Meine Zeit übt sich in Zeitlupe und auch in Raserei. Leider bin ich nicht befugt, die Gangart der Situation anzupassen, und wer immer dies tut, kennt, so fürchte ich, meine Bedürfnisse nicht. Wie kann etwas, das es doch angeblich nicht gibt, so über uns und unsere Gefühle bestimmen? Oder ist es genau anders herum, und die Gefühle sind verantwortlich für unser Zeitempfinden? Langeweile bremst, und Motivation beschleunigt?! Ich wüsste zu gerne, wie man dies umkehrt, damit schmerzhafte Momente nur kurz und glückliche Augenblicke ewig währen! Doch bis ich dieses Rätsel gelüftet habe, wird wohl noch einige Zeit verstreichen.

Wenn ich nachts wach liege, was keine Seltenheit ist, dann denke ich schon mal über Zeitreisen nach. Diese Art Reisen ist ja sehr beliebt in der

Literatur und bei den Medien. Die Vorstellung, durch Wurmlöcher hindurch Parallelwelten zu ergründen, hat etwas Faszinierendes. Könnte man meinen Schlaganfall ungeschehen machen¿ Hätte ich seltener Schmerzen und dafür mehr Hobbys¿ Genial! Zugleich erschreckt mich der Gedanke. Was wäre, wenn zwei Raphaels parallel existierten¿ Und angenommen, der Schlaganfall hätte verhindert werden können, wäre ich dann überhaupt ich¿ Könnte und wollte ich dann schreiben¿ Würde sich meine Zeit genauso anfühlen – oder ganz anders¿ Ich erwähnte es schon: Zeit ist ein schwieriges Kapitel und wird es wohl bleiben.

Es heißt von Gott, er stehe über den Dingen, also auch über der Zeit. Er könnte wohl das Rätsel lüften und mir all meine Fragen beantworten, auch die, die ich nicht in der Bibel beantwortet finde. Ich gebe zu, dass ich ungeduldig bin und nicht in alle Ewigkeit warten möchte. Gerne würde ich meine Neugier befriedigen und mir Antwort an kompetenter Stelle holen, ganz oben, in höchster Instanz. Fragt sich nur, wie¿ Die Astrophysiker haben Gott im Weltall nicht angetroffen. Dafür haben die Quantenphysiker überraschend ein Gottespartikel entdeckt. Ist der Größte etwa im Kleinsten verborgen¿

Da haben wir es wieder: mein Gedankenkarussell. Es dreht sich, reißt mich mit fort und beschleunigt meine Zeit auf Lichtgeschwindigkeit, um dann abrupt anzuhalten, heftig gebremst durch einen Anfall. Der krampfartige Schmerz beendet meinen Höhenflug und konfrontiert mich mit dem Boden der Tatsachen: Es gibt Fragen, die ich nur marginal beantwortet bekomme. Das Thema Zeit gehört wohl auch dazu. Und falls es doch anders kommt, werde ich mein Wissen gerne mit Ihnen teilen!

06.07.2012 Raphael Müller

In der Schule beteilige ich mich regelmäßig an unserer Schülerzeitung «Ventil». Leider schreiben nicht alle Beteiligten so begeistert, so dass ich Jahr für Jahr um ihr Überleben bange. Es wäre doch zu schade, wenn all die Artikel, die mit viel Herzblut geschrieben wurden, ein Schattendasein in der Schublade fristen müssten. Und eine Schule ohne Schülerzeitung – das wäre doch ein Unding.

Musikalische Unterstützung: Vertonte Texte

2009 wurde der Text für ein Friedenslied gesucht. Die Ausschreibung des Wettbewerbs stammte von Kulturzone e.V. Mir fiel spontan der folgende Text dazu ein, der den ersten Platz in der Gruppe der unter Sechzehnjährigen errang und zur Preisverleihung vertont wurde.

Wundersame weiße Taube

Flieg, Täublein, flieg,
die Menschen proben Krieg
in viel zu vielen Ländern,
nur du kannst ihre Not schmälern.
  Lande sanft, Täublein, lande sanft,
zu viele Menschen sind gestraft
durch ihre neiderfüllten Brüder,
nur mit dir werden Menschen wieder klüger.
  Komm, Täublein, komm,
nicht alle Leute sind so fromm,
dass sie dich zu schätzen wissen,
trotzdem sollten sie dich nicht missen.
  Eile, Täublein, eile,
es dauert eine Weile,
bis Charakterwunden heilen,
solange solltest du verweilen.
  Bleibe, Täublein, bleibe
in jedem einzelnen Heime,
schenk deinen Segen
großmütig wie Sonne und Regen.[5]

Der Tag der Preisverleihung rückte näher, und ich lag krank im Bett. Welch ein Frust! Dennoch wurde ich nicht müde zu betteln. Ich wollte unbedingt dorthin! Der Haken an der Sache: Die Preisverleihung fand in der Uckermark statt, also noch 100 km weiter als Berlin, und das ist bekanntlich von Augsburg aus eine ganz ordentliche Fahrtstrecke. Zudem sollte Papa am nächsten Tag in die Kirche, da die Jahresmesse für seinen Opa gelesen wurde. Papa war folglich nicht begeistert, aber ich ließ einfach nicht locker. Da wurde mein erstes Lied vertont und uraufgeführt. Das konnte doch nicht ohne mich stattfinden!

Papa erbarmte sich und chauffierte uns in die Uckermark und wieder zurück, 1400 km an einem Tag! Ich war ihm so dankbar! Die Preisverleihung fand in einem Dorf am gefühlten Ende der Welt statt, unser Navi wusste zumindest bislang nichts von jenem farblos-grauen, ungeteerten Weiler im Grenzgebiet der ehemaligen DDR.

Die Veranstaltung war völlig easy und gechillt. Die Räumlichkeiten erinnerten an einen Jugendtreff und erstaunten Papa erst mal. Die Sieger wurden einzeln vorgestellt, die Texte vorgelesen und dann von verschiedenen Musikern vorgetragen und die Urkunde überreicht. Man begann jeweils mit Platz drei, zuerst die Erwachsenen, dann die unter Sechzehnjährigen. Somit kam mein Song als Höhepunkt zuletzt. Mama ging mit mir nach vorne und wurde aufgefordert, ein bisschen was über mich zu erzählen.

Dann wandelten Gitarrenklänge die megalästige Anspannung in oberfreudiges Wohlsein mit kribbliger Kopfhaut. Aus meinem Lied ist ein fetziger Rocksong geworden, der mir irre gut gefällt! Das Beste an der Sache ist aber, dass Jörg Hausmann, der Musiker, überzeugter Christ ist. Er kam zu mir und erzählte, er habe alle Texte zur Auswahl gehabt und sich für meinen entschieden, weil er die größte christliche Aussagekraft habe. Damit waren meine Gebete um einen christlichen Musiker erhört worden! Jörg bot mir an, dass ich ihm jederzeit Texte schicken dürfe. Falls ihm etwas dazu einfalle, meinte er, dann würden sie vertont.

Wir tauschten E-Mail-Adressen aus. Leider ging Mamas Handy kaputt, und somit waren erst mal alle Kontaktdaten verloren. Doch dann meldete sich Jörg. In der Folge verschwanden einige E-Mails spurlos im Äther, GMX und Freenet scheinen sich nicht zu mögen. Es schien fast so, als wolle jemand den Kontakt zwischen uns unterbinden. Doch das gelang nicht auf Dauer. Gott sei Dank!

Im Januar wagte ich mich an einen englischen Text:

21.01.2011

Heaven on Earth

Heaven on Earth
is not up in the sky.
Come, let us search,
come, don't be shy.

Heaven is rare,
but still it is there,
when people share
good things in bad times,
despite of war and crimes.

Heaven gives us hope and light,
for heaven it is worth to fight
with weapons that clear the sight,
for that what is good and right,
such as love and faith and His word.

Heaven can be found
like a very pleasing sound,

where people believe in the Lord.
Heaven is dwelling in a few human hearts,
and with them spreaded to several parts
on all five continents
to bring people love and sense.

Heaven is now hidden and small,
but when Jesus comes, it will be obvious to all:
Jesus is the winner,
an ark to all the sinners,
that stretch out for him,
regretting their sin.
And believing in him,
you are to win
and see heaven begin,
though still tiny and small,
it has the greatest power of all!

Heaven is already on earth,
and searching for it is really worth
all our love and hope and praying,
despite of what the others are saying,
and all our power and all our heart,
realizing it is not our part,
to pay for the bill,
we are just to accept His will.

Ein Jahr später trafen wir uns mit Jörg und seiner Familie nach der Matinée im Schloss Bellevue in unserem Hotel. Wir saßen in der Lobby und unterhielten uns prächtig, bis viel zu schnell das Taxi kam und Mama und mich zum Flughafen brachte.

Heuer besuchte uns Familie Hausmann auf dem Weg in den Urlaub. Sie riefen Montag an, ob sie Samstagabend spontan mit fünf Mann bei uns übernachten dürften. Ich habe laut Juhu geschrien, und Mama hat begeistert zugesagt. Jörg und Anke brachten Paula, Samuel und Benni mit. Hannah verstand sich großartig mit Paula und meinte, so eine große Schwester hätte sie auch gerne.

Wir verbrachten einen genialen, sehr geselligen Sommerabend mit tollen Gesprächen. Sonntag packte Jörg seine Gitarre aus und sang mit Paula, es fühlte sich an wie ein Gottesdienst, der sich zur Abwechslung in unser Wohnzimmer verlaufen hat. Dann beteten wir gemeinsam, ehe sie weiter nach Ungarn fuhren. Inspiriert von dem Gesang, formulierte ich am Nachmittag folgenden Text, auch er wurde inzwischen vertont.

14.07.2013

Immer wieder

Immer wieder
entstehen neue Lieder,
fängt mein Herz zu beben an,
wenn es Dich, HERR, erkennen kann
und hinter den Nöten einen Plan!

Immer öfter
gelingt es zu vertrauen
und auf Deine Hoffnung zu bauen,
solange viele auf den Abgrund schauen
und sich verlieren im Gestrüpp der Sorgen.

Immer wieder
freue ich mich auf ein Morgen,
trotz Kummer und Sorgen
klingt mir eine Melodie entgegen
Deiner Liebe wegen!

Immer seltener
schlüpfe ich in mein altes Gewand,
mit dem mich ein schräges Lied verband
mit den Missakkorden meiner Zweifel
und den Dissonanzen meiner Seele.

Immer stärker
ertönt ein neues Lied,
welches aus der Fülle des Herzens quillt,
seit Du, HERR, meinen tiefen Durst gestillt,
überbordend von Staunen und innigem Dank!

Immer noch
liegt es einzig an Dir,
die Menschen von ihren Ketten zu befreien,
denn nur Dein Herz, HERR, ist wahrhaft rein
und würdig, uns aus unserem Elend zu retten.

Immer öfter
singe ich vor Freude ein Lied,
dass es Dich und Deine Liebe gibt
und Sinn für dieses Leben.
Ich hoffe, es kann andere bewegen!

5. Die Kehrseite der Medaille

Diese Highlights lindern meinen Schmerz um all die verpassten Chancen im Leben, sie tragen mich über so manchen depressiven Abgrund hinweg, denn auch solche Phasen kenne ich zur Genüge. In solchen Momenten bin ich versucht, in Selbstmitleid zu baden. Mama war geschockt, als ich mit gerade mal sieben von Depressionen sprach. *«Kann öde sein!»*, erklärte ich ihr und brachte sie damit ordentlich zum Nachdenken.

Bis dahin war sie davon ausgegangen, dass zwar nichts normal war, dass aber ich für mich in meiner Welt glücklich und zufrieden war. Sie versuchte gegenzusteuern, indem sie mir positive Lebensläufe vor Augen führte, mit mir betete und mir neben der Bibel auch Bücher wie die «Ärztliche Seelsorge» von Viktor E. Frankl zu lesen gab. Den positiven Ansatz von Herrn Frankl und seine Bemühungen um Versöhnung finde ich beachtlich und sehr hilfreich. Von ihm stammt das Bild mit dem Sandkorn in der Muschel, welches mir Mama so oft vor die Augen malt. Ich bete, dass aus meinem Sandkorn, meinem Schicksal, eine Perle werden darf.

31.01.2009

Quälende Ungewissheit

Qualvoll getrieben –
auf der Suche nach Sinn –
in einem Raum von Ungewissheit gefangen,
einem Meer von Zweifeln gebeutelt
und von der Luft der Andersartigkeit eingehüllt,
welche zu dünn zum Atmen ist,
kaum Kraft zum Leben gibt,
suche ich verzweifelt meinen Weg,

einen hoffnungsvollen Steg
in ein sinnerfülltes Leben,
möchte Liebe schenken, Hoffnung wecken,
den Mut bestärken und an Jesus denken,
meine unbeholfenen Schritte
in seine Richtung lenken.
Nichts soll mich dabei bremsen:
weder Schmerzen noch Zweifel sollen mich verleiten,
der quälenden Ungewissheit Platz zu bereiten.
Gott hat auch für mich eine Aufgabe
und erklärt sie mir beizeiten!

Nicht alles ist positiv verlaufen, und im täglichen Leben fühlt sich nur wenig so locker und leicht an, wie es sich vielleicht liest. Denn alles Verstehen der Welt hilft nichts oder wenig, wenn es an der Durchführung scheitert, weil der Körper sich den Befehlen widersetzt. Zwar gibt es inzwischen eine ganze Reihe von Hilfsmitteln, doch kaum einer kann sich alles leisten, was gut und sinnvoll wäre. Und die Krankenkassen müssen sparen. Mitunter dauert es Monate, bis man das bekommt, was man braucht. Ich musste zum Beispiel von Mai bis Mitte September auf einen neuen Rollstuhl warten und rieb mir inzwischen an dem zu klein gewordenen Exemplar mein linkes Schulterblatt wund.

Auch Missverständnisse sind vorprogrammiert, wenn man nicht sprechen kann und sagen, dass z. B. eine Falte im Schuh drückt, weil sich natürlich nicht pausenlos die Gelegenheit zum Schreiben ergibt. Ich habe gelernt, solche Dinge weitestgehend zu verdrängen, und konzentriere mich stattdessen auf meine Texte. Mama wundert sich dann in der Folge, wie es sein kann, dass ich Blasen an den Füßen habe, obwohl ich keinen Schritt laufe.

Ein Leben wie meins gehört wohl eher zu der komplizierten Sorte, bedarf eines erheblichen organisatorischen Aufwandes und verbietet so manches Event. Auch Flexibilität ist gefragt, da geplante Aktivitäten häufig an meiner Tagesverfassung scheitern, während gute Tage spontan genutzt werden wollen. Ich bin meiner Familie einschließlich Oma und Opa so dankbar!

Bremsklotz Operation und andere Widrigkeiten

Nahrungsmittel-Unverträglichkeiten begleiten und verfolgen mich. Sie zeigen sich nicht in Hautausschlägen, sondern terrorisieren mich mit üblen Krämpfen aller Art, sorgen für tägliche Komplikationen zu Hause und unterwegs und rauben unserer Familie viel Spontanität und noch mehr Lebensfreude. Mehrere Blutuntersuchungen, Stuhl- und Urinproben bestätigen eine Unverträglichkeit von Hühnerei, Mais und Soja sowie eine Histamin- und Fruktoseintoleranz. Auch Gluten und Laktose vertrage ich nicht. Dies schränkt den Speisezettel selbstredend ordentlich ein.

Der gemeinsame Nenner all dieser Unverträglichkeiten ist fast mit der Lupe zu suchen. Seit annähernd dreizehn Jahren wird demzufolge fast jede Mahlzeit extra für mich gekocht, dreimal täglich, da ich auch Brot nur schlecht vertrage. Jahrelang wurde auf Listen vermerkt, welche Getreide, Gemüse, Speiseöle, Gewürze oder Tees usw. ich zu mir genommen hatte und wie oft in der Folge epileptische Krämpfe oder Bauchschmerzen aufgetreten waren. Immerhin gelang es, die Dauermedikation zu beenden, so dass ich mich nicht jeden Tag im Delirium befand.

Nach wie vor treffen mich epileptische Anfälle wie ein Blitz aus heiterem Himmel, doch es sind weit weniger. Auch die Bauchkrämpfe sind Gott sei Dank weniger geworden. Dafür gleichen aber die wenigen Male einem Höllenritt.

Wie es sich anfühlt, wenn ich etwas gegessen habe, das ich nicht vertrage, das beschreiben die nächsten Zeilen.

13.02.2009

Wie ein entgleister Zug

Qualen bringt der Stoffwechsel,
der entgleiste,
wie ein Zug auf Schienen,
die vereisten,
der nun ohne Führung
rutscht und schlittert,
das drohende Unheil wittert.
Alles ächzt und zittert,
und man ist zu Recht verbittert,
weil nichts so läuft, wie es soll:
geschmiert und wie auf Schienen,
komplikationslos und toll!

Mittlerweile stabilisiert sich mein Zustand dank orthomolekularer Medizin und meiner Therapien etwas, so dass ich schrittweise immer öfter an den normalen Mahlzeiten teilnehmen darf. Ich genieße jeden einzelnen Bissen!

Jahrelang übten wir laufen, und wenn man mich am Rumpf stützte, schaffte ich es an guten Tagen, unser Haus zu umrunden oder ein Stück weit die Straße entlang. Im Haus wurde der Rollstuhl konsequent in der Garderobe geparkt. Morgens lief ich gestützt die Treppe hinunter, abends schaffte ich es meist auch wieder hinauf. Dazwischen waren, über den Tag verteilt, zahlreiche Kurzstrecken zu bewältigen: zum Esstisch, zu meiner Spielecke, auf die Toilette ... Doch Mama blieb eisern. Sie sagte, besser mehrmals am Tag kurze Distanzen üben als auf einmal eine ganze Stunde. Denn das würde ihr Rücken nicht mitmachen.

Im Sommer 2009 bekam ich unerträgliche Schmerzen, die ich

kaum lokalisieren konnte. Meine linke Hüfte war luxiert, wie wir schließlich in den Sommerferien erfuhren, und musste operiert werden. Bis zum OP-Termin Ende Oktober vergingen ein paar Wochen. Seltsamerweise tat es nicht immer weh, und laufen und sitzen (im Langsitz auf dem Boden) funktionierte, während ich heute, vier Jahre nach der OP, immer noch darum kämpfe, den Level von vorher zu erreichen.

Meine Eltern überlegten lange, wo die Operation durchgeführt werden sollte. Über die Art der OP waren sich die Ärzte einig, doch das Prozedere danach wurde völlig verschieden gehandhabt. Während man in der Hessing Stiftung in Augsburg beide Beine von der Hüfte abwärts für sechs Wochen komplett in weißen Gips packen wollte, wird in München Harlaching bei Dr. Bernius der Softshell-Gips nach fünf Tagen aufgeschnitten und in eine Schiene umgearbeitet, so dass der Physiotherapeut die Gelenke durchbewegen kann, damit sie nicht steif werden.

Man entschied sich für München, auch wenn ich vier Wochen länger auf einen Operationstermin warten musste. Diese Zeit nutzte Mama, um per Bluttest die Narkosemittel prüfen zu lassen, und siehe da, ich vertrug tatsächlich nicht alle. Während der OP war ich wunderbar schmerzfrei, aber ich bekam dennoch alles mit, vom Zersägen meines linken Oberschenkels bis zum Einwickeln in Gips. Es tat wie gesagt nicht weh, aber das Schauspiel nahm mich doch mit, so dass ich deutlich länger schlief, als die Ärzte erwartet hatten, und Mama begann, sich Sorgen zu machen.

Das Erlebte habe ich freilich wieder in Gedichtform festgehalten:

01.11.2009

Frisch gebadet und rasiert
rollt man durch die Gänge, denn 's pressiert.
In der Schleuse sind wir noch zu viert,
Mami spricht Gebet und Segen,

der Herr von der Anästhesie weist sie an zu gehen,
der Sterilität wegen,
man hebt mich auf eine harte Liege
mit Leichtigkeit, da ich nicht viel wiege.
Einsam und verlassen schiebt er mich von Mama fort
an einen kühl gefliesten Ort.
Stark vermummte Wesen
sieht man die Befunde lesen,
sie reden freundlich auf mich ein,
diese Spritze, ja, die muss jetzt leider sein.
Sachte benebelt sich mein Geist,
doch er hört es, wenn Ihr Witze reißt,
meine Beine werden bunt bemalt,
als hätten wir für Body-Art bezahlt.
Das Atmen fällt mir zusehends schwer,
also müssen nun die Schläuche her.
Ihr irrt Euch sehr, wenn Ihr nun meint,
dass von des Patienten Bewusstsein nichts übrig bleibt,
denn auf ganz spezielle Weise
unternimmt dieser keine weite Reise,
blickt von oben staunend auf sich herab,
bewundert Euren wundersamen Trab.
Sieht Skalpell und Säge: «Ach, oje!»,
doch es tut – welch Wunder – gar nicht weh!
Sieht Euch untersuchen, schlitzen, schneiden, sägen,
kann sich dabei nicht mal fortbewegen.
Betet nun in einem fort
mit den Engeln rings um diesen Ort,
dass all dies gereicht zum Segen!
Die linke Hüfte wird verplattet und verschraubt,
damit sie ja nicht mehr abhaut.
Röntgenbilder dokumentieren das Geschehen,
schließlich will auch der Opa das noch sehen.
Es wird genäht, geklebt, gewickelt,

ein blauer Gipskokon entwickelt.
«Ich will da nicht hinein!
Dieses Gefängnis ist zu klein!»
Dr. Metz redet sachte auf mich ein,
doch ich will nicht: «Nein!»
Weiß ich doch, sobald ich geh,
tut alles fürchterlich mir weh.
Während ich nun mit mir ringe,
sagt mir mein Engel wichtige Dinge,
schupst mich schließlich von sich fort
mit jenem überzeugenden Wort:
«Komm, sei stark und geh,
du tust sonst deiner Mama weh!»
Na dann!

Schließlich entschloss ich mich doch aufzuwachen und fand mich schmerzend in einem Krankenhausbett wieder. Irgendetwas Starres hinderte meine Beine daran, sich zu berühren. Das rechte Bein ragte schräg in die Luft und drohte, kaum dass ich wach war, einzuschlafen. Rings um mich piepsten und surrten Monitore und störten die Nachtruhe. Schmerzzäpfchen linderten das grässliche Pochen, doch an Schlaf war nun nicht mehr zu denken. Argwöhnisch und zugleich fasziniert betrachtete ich die grellgrünen, giftgelben und warnroten Linien und Zahlen und überlegte, ob und wie ich sie beeinflussen könnte. Das gelang natürlich nur rudimentär, doch es beschäftigte mich.

Mama leistete mir all die Tage und Nächte Gesellschaft, las mir vor, drehte und wendete mich, wusch, wickelte und fütterte mich. Da ich den ganzen Tag liegen musste, gestaltete sich das Schreiben deutlich umständlicher. Mama musste sich fast neben mich legen oder zumindest ganz tief in ihren Stuhl hineinlümmeln und bekam schon bald Schwielen vom Halten des Netbooks.

Die kommenden Wochen waren hart – für die ganze Familie! Ich war gefangen in meinem blauen Panzer samt eingebautem

Besenstiel und konnte mich nicht mal mehr im Bett umdrehen. Folglich stand Mama jede Nacht mehrmals auf, um mich zu drehen und zu wenden und mit Schmerzmitteln zu versorgen.

Tagsüber lag ich in meinem Liegerollstuhl und kämpfte gegen die Langeweile und die Schmerzen an. Die Physiotherapeutin kam täglich und befreite mich aus meiner Schiene, doch das fühlte sich bald mehr erschreckend als befreiend an. Alles war umständlicher und komplizierter als ohnehin schon.

Die Tatsache, dass mir der Schulbesuch untersagt war, gestaltete mein Erleben nicht unbedingt leichter. Ich hatte schlicht zu viel Zeit, um über meine Situation, die Schmerzen und den Sinn von Leid nachzudenken, und viel zu wenig Highlights, die mich hätten ablenken können.

Die Schmerzen klangen nach der OP langsam ab. Nach drei Wochen bekam ich plötzlich wieder extreme Schmerzen, die sich Mama zunächst nicht erklären konnte, bis sie mein wundgelegenes Steißbein entdeckte. Man untersuchte die Schiene eingehend und bemerkte eine Falte im Gips. Das Sanitätshaus half, die Schiene auszupolstern, doch perfekt gelang dies nicht.

Gott sei Dank bleibt die Zeit nicht stehen. Und so ging auch dieses triste Kapitel vorüber. Die Operation linderte die Hüftschmerzen, doch leider kann ich mein linkes Bein nicht mehr so bewegen wie vorher. An den Gelenken liegt es nicht, die Kombination aus Schiene und täglicher Physiotherapie hat funktioniert, und keines ist steif geworden. Es scheint eher so, als ob die Befehle nicht ankommen, als wenn die Nervenleitung unterbrochen wäre. Trotz täglichem Üben laufe ich daher immer noch nicht so wie vor der Operation.

Auch meine Wetterfühligkeit hat sich extrem verstärkt. Ich konnte jeden Wetterumschwung schon im Vorfeld spüren, da sich das Metall je nach Temperatur völlig anders anfühlt.

Im Jahr darauf sollte das lästige Metall wieder entfernt werden, und ich freute mich ja auch darauf, es los zu sein, doch mir graute vor der Operation und den anschließenden Schmerzen.

05.11.2010

Die Operation 2010

Erneut schnitt man mich auf,
und wieder sah ich drauf,
auf das sterile Geschehen,
auch wenn man meint,
ich könne es nicht sehen,
so sagenhaft intubiert
und massenhaft medikamentiert!
Schmerzfrei lag ich da,
nahm die Geräusche sehr wohl wahr
und jenen unvergleichlich sterilen Duft,
der in Krankenhäusern schmückt die Luft.
Ehe das Skalpell seine Arbeit hat getan,
malt man mich zuerst mal an,
orange Farbe ziert mich nun fortan.
Ich werde aufgeschnitten und geschlitzt,
erstaunlich, dass das Blut nicht noch mehr spritzt.
Die stählerne Platte samt den Schrauben wird entfernt,
sie hat mich Wetterfühligkeit gelehrt.
Darum gebe ich sie gerne her,
ich hoffe, ich brauch Derartiges nie mehr!
Zugenäht, gewickelt und von Schläuchen nun befreit,
wäre ich zum Aufwachen bereit,
doch auch diesmal hat das Zeit,
denn der Weg ist ziemlich weit,
und ich habe Respekt vor den Schmerzen!

Meine Angst war unbegründet. Es lief besser als gedacht, und diesmal musste ich nicht Wochen daheim zubringen. Platte und Nägel bekam ich als Andenken mit nach Hause. Sie sind beachtlich groß, kein Wunder, dass ich sie spürte.

Therapien und Therapeuten

Im Laufe der Jahre durfte ich eine ganze Reihe von Therapien über mich ergehen lassen. So mancher Therapeut hat sich an mir und meinem Unvermögen aufgerieben und schließlich die weiße Fahne gehisst.

So durfte ich beispielsweise die Biofeedback-Therapie nicht fortführen, weil den Therapeuten meine Fortschritte zu gering erschienen. Dass die Therapie mir guttat und ich durchaus zufrieden und motiviert war, interessierte in der Klinik niemanden. Wer weiß, vielleicht hätte ich das Ergebnis der Studien nach unten korrigiert. Jedenfalls war ich ziemlich enttäuscht.

Motiviert durch die Delfintherapie mit ihrem interdisziplinären Vorgehen, bat Mama alle meine Therapeuten um eine Gesprächsrunde mit dem Ziel, die einzelnen Fachbereiche aufeinander abstimmen zu können und einen gemeinsamen Therapieplan für mich zu erstellen. Ihr Ansinnen scheiterte am mangelnden Interesse der Therapeuten und daran, dass diese nicht wussten, wie sie dies abrechnen sollten!

Dies hatte den einen oder anderen Therapeutenwechsel zur Folge. Andere kamen gut mit mir zurecht, aber sie wurden versetzt oder schwanger oder gar selbst krank. Das ist hart, denn auch hier tue ich mich mit einem Wechsel schwer.

Denjenigen, die mir seit Jahren die Treue halten, möchte ich von Herzen danken, dass sie nicht aufgegeben haben. Dazu gehört Liane, meine Feldenkrais-Therapeutin, sie kommt seit Jahren zweimal die Woche zu mir. Da mich Liane auch stützt, kann ich mich direkt mit ihr unterhalten, das bedeutet mir viel. Clarissa, meine Physiotherapeutin und Heilpraktikerin, kommt ebenfalls ins Haus, ich mag sie sehr. Frau Leimbeck, die Hippotherapeutin, bereitet mir mit ihrem Team jede Woche eine höchst vergnügliche Zeit auf dem Pferd. Meine Osteopathin Anja Kober richtet mich einmal im Monat wieder gerade und löst die höchst überflüssigen Verspannungen.

Sie alle haben mich an guten und schlechten Tagen und in allen möglichen und unmöglichen Zuständen erlebt und therapiert. Vor, während und nach Anfällen, quietschvergnügt und schlafend. Eine Zeit lang konnte ich nicht mehr auf dem Pferd sitzen, doch auch das schaukelige Liegen auf dem Pferd habe ich als hilfreich empfunden.

Ähnlich wie mit den Delfinen unterhalte ich mich auch mit den Pferden und Ponys, die mich geduldig auf ihrem Rücken tragen und sehr verständnisvoll auf mein Unvermögen reagieren.

Leid und Schmerz erleben – und verstehen?

Mit der Menge an Schmerzmitteln, die ich in den vergangenen vierzehn Jahren konsumiert habe, könnte man mühelos mehrere Großfamilien versorgen. Und manchmal reicht es dennoch nicht. Und auch Enttäuschungen gab und gibt es zur Genüge. Ich hatte also schon reichlich Gelegenheit, Schmerz zu erleben und mir meine Gedanken zu dessen Sinnhaftigkeit zu machen. Hier ein paar verzweifelte Texte, die vielleicht erahnen lassen, wie es mir mitunter ging:

24.08.2008

Der Sinn von Leiden

Das bastardartige Gefühl des Ausgestoßenseins,
welches viele Behinderte und auch
anderweitig Leidgeprüfte ertragen müssen,
ist häufig kaum auszuhalten,
geht mitunter an die Substanz,
ist bisweilen katastrophal!
So mancher findet sich
am Rande des Abgrunds wieder,

der Verzweiflung nahe,
und der fassungslose Verstand
treibt sich selbst in den Wahn.
War das Gottes Plan?
Was bezweckt er mit solch «nutzlosem Leben»?
Warum hat er es uns gegeben
und dabei doch die Chance auf Normalität versagt?
Hört er es, wenn man sich beklagt?
Warum wird Erleichterung vertagt?
Birgt das Leiden einen Sinn?
Bringt es am Ende doch Gewinn?
Du machst uns Hoffnung in Deinem Wort
auf einen glückseligeren Ort,
möchtest uns drauf vorbereiten,
Kanten und Ecken schleifen,
die sonst zu sehr sich mit der Welt
verkanten und verhaken.
Ja, darauf lohnt es sich zu warten,
aber auch durchzuhalten,
dass Du uns änderst, besser machst,
auf dass wir Jesus gleichen,
Du, Herr, stellst die Weichen.
Wenn dem so ist,
dann hat das Leiden wirklich Sinn,
schleift uns für ein höheres Ziel
und muss zu unserem Besten uns gereichen!

19.01.2009

Krieg und Frieden

Krieg und Frieden toben in meinem Körper,
raufen um die besten Plätze,
und ich verliere jede Wette,

wo die nächste Schlacht geschlagen wird.
Manchmal wäre ich
mit Waffenstillstand schon zufrieden,
bete aber ständig um den Frieden.
Bin allezeit bereit,
denn der nächste Schmerz ist –
der Erfahrung nach – nicht weit.
Er sucht sich jedes Mal ein anderes Kleid.
Chamäleonartig pirscht er sich heran,
zeigt von Neuem, was er kann:
stechen, pochen, brennen, toben,
mal unten und mal oben,
wenn ich es könnte, würde ich ihn loben.
Doch ich kann und will es nicht,
suche vielmehr des Friedens Gesicht,
verleih ihm meiner ganzen Stimme Gewicht
und klage lauthals, wenn ich ihn verloren.
Ich feiere jeden Tag,
an dem der Friede siegen mag,
mit Dankbarkeit und Freude,
ich fühl mich dann wie neu geboren
und zum Glück auserkoren!

19.02.2009

Kranker Körper – fitter Geist.
Fitter Körper – kranker Geist.

Heißt es nicht, in einem gesunden Körper
wohne auch ein gesunder Geist,
einer, der Gott selig preist?
Ist diese Vermutung nicht ein wenig dreist?
Wisst Ihr, was das heißt:
einen kranken Körper zu haben

und ständig nach dem Sinn zu fragen?
Und wie viele Gesunde jagen,
ohne nach dem Ziel zu fragen,
durch die Hektik dieser Zeit?
Seid Ihr bereit, noch mal nachzudenken,
auch Kranken Gaben zuzusprechen
und Mut und Freude an diesem Leben?
Es kann durchaus Gesundheit im Kranksein geben,
und einen festen Glauben und treuen Charakter
kann niemand einem nehmen.
Traurig, aber wahr,
es hilft mitunter etwas Leid,
damit man auf dem Teppich bleibt
und sich dankbar daran freut,
dass Gott, der HERR, gut ist und gerecht,
und das auf ewig!

Wenn es Gott gibt – und davon bin ich mehr als überzeugt –, dann muss alles einen Sinn haben. Selbst der Schmerz. Und auch das Leid. Manchmal können wir dies nicht erkennen, zumindest nicht aus unserer erdgebundenen Perspektive. Noch nicht. Ich habe mir schon nächtelang den Kopf zerbrochen, worin der Sinn liegen könnte! Weshalb er ein solch verstecktes Dasein fristet! Warum die Schicksalspäckchen solch unterschiedliche Größen aufweisen!

Aber vergrößert es den Sinn, wenn wir vergleichend nach dem Schicksal des Nachbarn schielen? Vermutlich nicht. Bei näherer Betrachtung scheinen sie maßgeschneidert für die jeweilige Konstitution.

In der Bibel, konkret im achten Kapitel des Römerbriefes, Vers 29, stolpere ich über die Aufforderung, dass wir Jesus ähnlicher werden sollen. Das könnte eine Antwort sein: Es werden unsere Ecken gerundet, die Kanten geschliffen und das Ganze auch noch poliert ... Ich scheine besonders viele Ecken und Kanten zu haben! Manchmal frage ich mich schon, warum! Habe ich diese Rosskur wirklich verdient? Könnte ich das nicht auch anders, leichter und vor allem schmerzfrei lernen?

Ja, ich gebe zu: Ich bin beleidigt, vor allem mit mir selbst. Doch ich bin nicht in der Position, dies zu entscheiden. Mir fehlt die alles überblickende Perspektive. Die gebührt Gott, und er wird wissen, was er tut.

29.05.2010

Es ist gut so, wie es ist,
man könnte meinen, es wäre trist.
Es kam ganz anders als geplant,
als mieses Schicksal getarnt.
Doch es ist gut so, wie es ist!
Wenn man dem Anderssein eine Chance gibt,
wenn man nicht einfach flieht,
wenn man einen Sinn in allem sieht
und dankbar ist, trotz allem, was geschieht,
dann, ja, dann ist es gut so, wie es ist!
Wenn die letzte Hoffnung garstig
zwischen den Fingern zerrinnt
und die ersehnte Heilung einfach nicht beginnt,
wenn der fiese Zweifel die Oberhand gewinnt,
dann, ja, dann ist es wichtig, dass man sich besinnt.
Dass man sich voll Vertrauen
in Seine Gegenwart begibt,
denn es ist gut so, wie es ist!
Es hilft, wenn man sich selbst auch mal vergisst,
wenn man den Wünschen
nicht zu viel Belang beimisst.
Wenn man mit dem, was man ist und hat,
zufrieden sein kann,
denn dann ist es gut so, wie es ist!

Wenn man allem zum Trotz neu beginnt,
wenn man tränenüberströmt Dankeslieder singt,
wenn man sich gegen alles wehrt, was zum Himmel stinkt,
wenn man, den anderen stützend, weiterläuft,
obwohl man hinkt,
und dabei Gott und das Leben ehrt,
weil man erkennt Sinn und Wert,
dann ist es nicht nur gut so, wie es ist,
dann wird es so, wie es sein soll!

6. Sinn und Ziel

Sinn und Ziel sind essenziell, davon bin ich überzeugt. Ohne Sinn wird der Mensch krank, und ohne Ziel verläuft man sich.

Doch was macht Sinn im Leben? Und wo liegt das Ziel? Wie kann man es trotz aller Hindernisse erreichen? Was macht das Leben wertvoll? Und: Ist jedes Leben gleich wertvoll?

Diese und ähnliche Fragen treffen und betreffen jeden Einzelnen. Immer mal wieder. Wir entscheiden, ob wir sie hören. Gelten denn die Antworten gleichermaßen für jeden von uns? Dies muss vermutlich jeder für sich selbst entscheiden. Mich treibt sie um, die Suche nach dem Sinn und die Sorge, ich könnte das Ziel verfehlen. Meine Situation trägt bestimmt dazu bei. Ich vermag nicht zu sagen, ob Sie die gleichen Schlüsse ziehen. Aber ich bin gerne bereit, die Gedanken, die ich mir gemacht, und die Antworten, die ich für mich gefunden habe, mit Ihnen zu teilen.

Die Gedanken sind frei!

In den letzten Jahren habe ich viel nachgedacht, unter anderem über das Denken selbst. Über die Macht und Kraft unserer Gedanken und die daraus resultierende Verantwortung. Es ist wesentlich, was und wie wir denken, denn die Gedanken eilen der Tat voraus. Oftmals stehen wir uns und Gottes Hilfe selbst im Weg, weil wir zu klein denken und somit den Möglichkeiten die Flügel stutzen. Wenn wir auch in Zukunft lebenswerte Bedingungen vorfinden wollen, dann dürfen wir nicht in Katastrophen denken. Je mehr Menschen Horrorfilme und Thriller konsumieren, so die Theorie der sheldrakeschen Felder, desto wahrscheinlicher treten solche Horrorszenarien ein. Denn Gedanken wollen sich realisieren.

21.01.2010

Alle Gedanken sind frei!

Wage nur Großes zu denken,
deinen Blick nach vorne zu lenken,
der Zukunft ein Lächeln zu schenken.
Gott wird deine Schritte lenken.
    Schränke Gedanken nicht ein,
zwänge sie nicht in Schubladen hinein,
sie können sonst nicht glücklich sein
und vergiften unser Sein.
    Halte die Gedanken rein,
sonst wirst du nicht fröhlich sein.
Gedanken haben große Macht,
ich hoffe, du hast dies bedacht.
    Mit ihrer Kraft wurde die Erde gemacht.
Sie haben schon manches ins Rollen gebracht.
Darum behandle sie sacht,
sonst droht deinem Herzen die Nacht.
    Es ist nötig, dass man über sie wacht,
filtere aus ganz sacht,
auch wenn es Mühe macht
und dein Nachbar lacht.
    Nimm den Spott in Kauf,
stelle eine Wache auf,
lass nur Friedvolles ein,
Gedanken sollten voll Liebe sein.
    Deine eigenen Gedanken schicke aus in alle Welt,
damit sie Resonanz erhält
und mitten im Chaos die Gnade wählt.
Schön sollten sie sein und groß und frei!

Vielleicht liegt es an meiner statischen Situation, dass mein Bedürfnis nach Dynamik ausgeprägter ist. Gerade im Bereich unserer Gedanken kämpfe ich an gegen festgefahrene Strukturen. Gedanken müssen frei sein und beweglich, damit sich etwas ändern kann. Es hängt von uns ab, welche Richtung alles nimmt.

08.06.2010

Denkmuster

Denkstrukturen sind verschieden je nach Kultur,
man versteht die jeweils eigene nur.
Andere Länder, andere Sitten,
man muss schon um Verständnis bitten.
Muster gibt es unzählig,
wie es Völker gibt auf dieser Welt,
das ist es, was sie lebendig uns erhält.
Es strengt an, wenn man sich nicht verständigen kann,
es kostet Kraft, über den Tellerrand zu schauen,
es bereichert ungemein, wenn man konfrontiert wird
mit was Neuem.
Darum sollten wir uns nicht scheuen,
uns lieber daran freuen,
dass sie bunt sind, diese Muster,
bisweilen schräg und manchmal grell,
denn dadurch wird unser Denken hell.
Unsere fixen Ideen müssen weichen,
weil sie starren Schienen gleichen.
Unsere Gedanken sollten frei sein wie der Wind,
weil sie nur dann
ein Segen für uns und andere sind!

Wie Sie sehen, bin ich Schubladen leid! Immer wieder kämpfe ich dagegen an, in eine solche verbannt zu werden, ungeachtet der Tatsache, dass ich in kein solches «Gemäß» hineinpasse, zumal ich mich weder verbiegen kann noch will. Schubladen sind für alle Menschen denkbar ungeeignet, und es erschreckt mich immer wieder, dass Menschen in solche «sortiert» werden.

Womit wir wieder beim Thema wären: Wir reden von Inklusion, aber praktizieren zumeist Exklusion. Ich bete, dass sich dies ändert! Dass unser Denken offener wird, unsere Herzen weiter und unsere Wege neu!

19.05.2013

Gedankenleben

Rostfrei laufen Gedanken
einsam durch die karge Wüste,
auf verschlungenen Pfaden durch den Dschungel
und mitten durch den Jahrmarkt.
Glänzend leuchten ihre Blitze
im Dunkel der Nacht
in feurigem Entzücken,
lassen Erkenntnis erblicken
in Bruchteilen einer Sekunde,
und sind ihrer viele,
so ist es eine Sternstunde.
Sperrt Gedanken nicht ein,
denn nur in Freiheit können sie gedeihen.
Selbst wenn der Körper gefangen ist
und das Leben karg und trist,
können Gedanken frei und glücklich sein,
dankbar und rein.
Wie, so fragt ihr, kann man sie gefangen setzen
oder gar verletzen?
Dies ist leichter, als man denkt,
wenn man unbedacht anderen Glauben schenkt,

die ihr emotionales Gift versprühen,
bis beim Klatsch die Ohren glühen.
Darum seid bedacht,
was ihr mit euren Gedanken macht,
und hütet euch vor Neid, vor Zorn und Wut,
denn diese tun nur selten gut
und schaden euch am meisten.

In keinem «mich-Lachen» [Raphael meint damit seine Lachanfälle. Der Verlag] nach lustigen Sachen steckt schlicht albernes Gekicher. Es gleicht wohl eher einem Gewitter voller intensivgedanklicher Kraft und Entspannung humoriger Energie. Chillosophierend gewonnene Schätze suchen sich glucksend einen Weg. Ich bin froh, dass dies geschieht, wenn auch häufig ohne ersichtlichen Anlass.

Diese plötzlich-unerwartete Freude kann für Verwirrung sorgen im Schulalltag und auch sonst. Doch grandiose Gedanken und Denkmuster müssen gefeiert werden, maximal!

Sie fragen sich nun womöglich, was sich denn hinter dem Begriff «chillosophieren» verbirgt. Dies ist meine Bezeichnung für denkend auf der Couch gechillte Stunden. Sie dürfen sich gerne aussuchen, ob ich nun beim Chillen philosophiere oder aber beim Philosophieren chille. Beides trifft zu!

«Das Universum in einer Nussschale» – hat Gott darin Platz?

Stephen Hawking fasziniert mich schon aufgrund seiner ähnlichen Situation trotz einer völlig anderen Grunderkrankung. Auch er sitzt im Rollstuhl, ist auf Hilfe angewiesen und kann nicht sprechen. Doch denken kann er sehr wohl – wie jeder weiß.

Sein letztes Werk aber wollte mir nicht behagen, kommt er

doch zu dem Schluss, dass es Gott nicht gibt. Daher verfasste ich eine Buchkritik, sie wurde in unsere Schülerzeitung aufgenommen:

Universum – frei von Gott?

Neulich las ich das neue Buch von Stephen Hawking und Leonard Mlodinow, das da heißt «Der große Entwurf» und dem Leser eine neue Erklärung des Universums verspricht. Mein Onkel, ein Astrophysiker, hat es mir geschenkt, in der Annahme, es wäre für physikbegeisterte Wesen vergnüglich zu lesen. Es ist auch tatsächlich gut zu lesen, vorausgesetzt, man kann sich für das Thema erwärmen, und zudem schön aufgemacht vom Rowohlt Verlag. Der Inhalt hat dennoch mein Missfallen erregt!

Stephen Hawking ist ein hervorragender Wissenschaftler und ein noch besserer Denker. Einzigartig sind seine Thesen, und sein Werk sucht seinesgleichen. Doch er irrt in einem wesentlichen Punkt: Die Tatsache, dass mit dem Urknall nicht alles begann, und die These multipler Universen, welche sich gemäß bestimmten Gesetzmäßigkeiten selbst organisieren – ohne den augenscheinlichen Bedarf eines schöpferisch tätigen Wesens –, erklären dennoch nicht schlüssig dessen Abwesenheit, sondern belegen im Gegenteil, dass Gott weit größer ist als bisher angenommen.

Welch tragische Überheblichkeit drängt den Menschen, beweisen zu wollen, dass es Gott nicht gibt? Da er ihn nicht zu fassen bekommt, negiert er seine Existenz und gleicht dabei einer Tonschale, welche ihrem Töpfer nicht folgen kann und aus der vermeintlichen Abwesenheit auf dessen Nichtexistenz schließt. Was kann ein Geschöpf schon erkennen, außer dass es ist?

Eine Schöpfung, die das ständige Eingreifen Gottes bedürfte, wäre mehr als unvollkommen und ließe an der Erhabenheit des Schöpfers zweifeln. Aus der Tatsache, dass der Kosmos Gottes nicht bedarf, um reibungslos zu funktionieren – gleich einem Körper, dessen vegetatives System intakt ist –, kann deshalb nicht auf die Abwesenheit von Geist geschlossen werden.

Die Idee, dass Realität nur innerhalb unserer Gedanken existent ist, ist sowohl anmaßend als auch absurd. Viel zu viele Menschen erleben das Gleiche, doch manchen ihrer Art ist eine andere Art der Wahrnehmung vergönnt, welche den allgemeinen Eindrücken nicht widerspricht, sie jedoch ergänzt. Die Philosophie mag tot sein, Gott hingegen lebt! Und wer Augen hat, der sieht seine freiwilligen Spuren, und wer Ohren hat, der hört seine leise Stimme! Gott muss nicht eingreifen, aber er kann![6]

Wie Sie sehen, bin ich fasziniert und enttäuscht zugleich. Ich bewundere Stephen Hawkings Intellekt, sein mathematisches Talent, seine Begeisterungsfähigkeit und Freude an der Arbeit und die Größe, eigene Theorien immer wieder zu hinterfragen und schließlich über den Haufen zu werfen. Sein Nichtbeachten der Behinderung verdient meinen höchsten Respekt. Denn nicht die Defizite machen einen Menschen aus, sondern wie er damit umgeht und was er aus seinem Leben macht.

In Kitty Fergusons Biografie «Das Universum des Stephen Hawking» kann man lesen, dass im Zusammensein mit Stephen Hawking seine Behinderung «unbedeutend» ist. Die körperlichen Unzulänglichkeiten rücken in den Hintergrund. Hingegen wird von seinen Leistungen berichtet, von seinem tapferen Lebensmut und vor allem von seiner humorvollen Liebenswürdigkeit. All dies vermittelt laut Kitty Ferguson «die wichtige Erkenntnis, dass es eine Gesundheit gibt, die die Grenzen jeder Krankheit überwindet». Dies gefällt mir, davon möchte ich mir gerne eine Scheibe abschneiden!

In der erwähnten Biografie finde ich auch einen Hinweis darauf, dass sich Mr. Hawking für die Inklusion einsetzt; das freut mich besonders. Schon 1990 sagte er in einer Rede: «Es ist unglaublich wichtig, dass man behinderten Kindern ermöglicht, mit anderen gleichaltrigen Kindern zusammen zu sein. Das ist entscheidend für ihr Selbstgefühl. Wie kann man sich als Mitglied der menschlichen Rasse fühlen, wenn man bereits im frühen Alter von ihr getrennt wird? Das ist eine Form der Apartheid.»

Stephen Hawking hat mein Interesse für Astrophysik geweckt und für die Fragen dahinter. Es sind die großen Fragen der Menschheit nach dem Anfang und dem Ende und natürlich auch nach Gott. Sie ahnen es vielleicht: In der letzten Frage liegt meine Enttäuschung begraben, denn Stephen Hawking kommt hierin offenbar zu gänzlich anderen Schlüssen wie ich.

Im Gegensatz zu seiner ersten Frau Jane glaubt Stephen Hawking nicht an einen persönlichen Gott. Kitty Ferguson schreibt in ihrer Biografie über den Physiker, er sei kein Atheist, aber er ziehe es vor, «den Begriff Gott als ein Sinnbild für die physikalischen Gesetze zu verwenden». Jane Hawking rieb sich an seiner Auffassung, «man könne alles auf eine mathematische Formel reduzieren und diese beinhalte die ganze Wahrheit». Etwas später sagte sie in einem Interview: «Ich glaube, seine ganze Sichtweise ist aufgrund seiner Verfassung und seiner Situation … ein fast völlig gelähmtes Genie zu sein … so verschieden von der Sichtweise anderer Menschen, dass niemand verstehen kann, was Gott für ihn ist und was für ein Verhältnis er zu ihm hat.»

Es ist also nicht möglich, seinen Glauben zu beurteilen. Ich sehe nur, dass ich mich mit meinem Glauben an einen persönlichen Gott deutlich von ihm unterscheide. Meine autistische Wahrnehmung ist hierbei wohl hilfreich. Ich kann Gott nicht persönlich erleben und zugleich leugnen. Das Leben an sich ist sinnvoll dank Ihm, also gilt dies auch für meine Existenz!

Stimmt, es gab auch depressive Phasen, in denen ich an meinem Unvermögen verzweifeln wollte. Gott gab ich allerdings keine Schuld. Mama tat es auch nicht – weshalb sollte ich es also tun? Ich zweifelte nicht an seinem guten Plan für mich, aber sehr wohl an meiner lausigen Fähigkeit, die Erwartungen und Aufgaben zu erfüllen.

Der rettende Anker – mein Glaube

Vielleicht ahnen Sie es: Der Glaube an Jesus ist das, was mich hält mitten im Sturm. Er ist die Quelle meiner Hoffnung zu Beginn des Tunnels und der belohnende Lichtstrahl an dessen Ende. Ich wüsste nicht, wie ich die Einsamkeit in all dem Trubel ertragen sollte, wenn ich die Gemeinschaft mit Gott missen müsste. Denn nur wenige trauen sich, Freundschaft zu schließen mit einem Exoten wie mir, und menschliche Zuneigung hat nicht immer Bestand.

Jesus ist bei all den Therapeuten- und Betreuerwechseln neben meiner Familie die einzige Konstante in meinem Leben. Das war schon in jenen stummen Jahren zu Beginn meines Lebens so. Vielleicht hat auch gerade diese autistische Abgeschiedenheit meine Sinne für die Wahrnehmung der Gegenwart Gottes geschärft.

Jesus war schon immer präsent – ich meine in meinem Leben! Ich musste ihn nicht mühsam suchen, und ER musste sich nicht erst finden lassen. Gottes Nähe war das, was meine Nebeltage zu Beginn erträglich machte, und ist für mich essenziell wie die Luft zum Atmen. Ich brauche immer wieder Phasen der Stille, um in seiner Gegenwart aufzutanken. Die Gottesdienstbesuche, die Bibeltexte und die Predigten, die eigentlich gar nicht für Kinderohren gedacht waren, halfen mir lediglich, dem Ganzen einen Namen zu geben. So erkannte ich, dass meine stummlauten Gespräche Gebete waren.

Ich bete ständig. Vermutlich gleiche ich mein Stummsein damit aus und widme meine gedachten Worte Jesus. Als ich dann endlich schreiben durfte, habe ich meinen Glauben und mein Ringen darum selbstverständlich in Texte verpackt und schriftliche Gebete formuliert, die auch anderen meinen Glauben bezeugten. Doch sogar in der Gemeinde stieß ich an enge Grenzen. Ich glaubte, aber man glaubte mir nicht unbedingt.

Eine Situation hat mich sehr befremdet: Ein Mann kam auf

Mama zu und sagte, um mich müsse sie sich keine Sorgen machen, solche wie ich hätten einen sicheren Platz im Himmel! Mama lächelte und gab ihm zur Antwort, das sei wohl wahr, das liege aber nicht daran, dass ich behindert sei, sondern dass ich mich bewusst entschieden hätte, Jesus zu folgen! Irritiert zog der Herr von dannen, und mir war klar, dass auch er einer von denen war, die mir keine klaren Gedanken zutrauten.

Nicht jeder sieht, was ich sehe, das konnte ich wohl beobachten. Dieser Mangel an autistischer Wahrnehmung hindert viele, den Weg zu Gott zu finden. Eine Reihe von Texten habe ich geschrieben, um andere auf das hinzuweisen, was mir so wichtig ist.

05.02.2008

Ewiges Leben will Jesus uns geben,
wenn wir unser zerstörtes Leben
bittend in seine Hände legen.
Ärgerlich kämpfen wir dagegen an,
übler Hochmut hindert uns daran,
plausible Gründe führen wir an,
füttern unser Hirn mit Quatsch,
verlieren uns in Alltagssorgen,
denken kummervoll an morgen,
vergeuden Zeit mit Nichtigem
und natürlich Wichtigem.
Manchmal vergessen wir dabei,
dass alles Schöne dieser Welt ist einerlei,
wenn wir alleine sind dabei
und nicht das Leben leben,
wofür er uns geschaffen.
Theoretisch wäre es so leicht,
und praktisch ist es doch oft schwer,
das rettende Geschenk

freudig anzunehmen
und mit ihm zu leben
in alle Ewigkeit!

Tiere und Pflanzen haben etwas Faszinierendes an sich. Ihre Vielfalt ist der lebende Beweis für die kreative Fantasie unseres Schöpfers. Am schönsten ist dies wohl in freier Wildbahn zu sehen, und jedes Geschöpf hat ein Recht auf Freiheit. Doch nicht jedem ist eine Reise nach Afrika oder in andere entlegene Gebiete der Erde möglich und vergönnt.

Selten kann man auf so engem Raum so viel von Gottes herrlicher Schöpfung bewundern wie bei einem Besuch im Zoo. Das folgende Gedicht drückt mein dankbares Staunen gegenüber Gottes Schöpfung nach einem Nachmittag im Tierpark aus.

19.08.2008

Unglaublich,
wie viel verschiedene Tiere
Gott geschaffen hat,
kreativ wie sonst keiner,
hat er alle perfekt gemacht
und passend.
Menschen wundern sich und staunen,
beobachten und forschen,
aber sie werden trotz allem
nur Bruchteile der Schönheit
Deiner Schöpfung erkennen,
und in ihrer Komplexität begreifen
werden sie es nicht!
Denn Deine Gedanken
sind höher als Menschengedanken,
und Menschen sind nur Geschöpfe
eben jenes genialen Meisters,

dessen Werke sie zu ergründen
nur marginal befähigt sind!

Häufig flüchte ich mich in Schlaf und Träume, besonders dann, wenn ein Tag extra langweilig zu werden verspricht, weil ich nicht am Unterricht teilnehmen kann oder niemand Zeit hat, mit mir zu schreiben. Mama kennt mich inzwischen gut genug, aber manch anderer ist erstaunt, dass ich just dann aufwache, wenn Mama nach Hause kommt. Dieses manchmal sehr ausgeprägte Schlafbedürfnis beschreibt der nächste Text.

20.01.2009

Öfter suche ich den Schlaf,
weil ich nachdenken darf
in Ruhe und im Liegen.
Manchmal ist es, als könnte ich fliegen im Traum,
auch laufen und springen,
dann würde ich gerne vor Freude singen,
ein neues Lied anstimmen.
Aufzuwachen traue ich mich kaum,
ist er doch dann aus,
der Traum vom heilen Körper.
Doch wenn ich genug Mut beisammen hab,
wache ich auf und beginne den Tag,
und sei es erst am Nachmittag.
Es ist ganz anders als gedacht,
doch Gott hat mich so gemacht,
und da er keine Fehler macht,
mir eine spezielle Aufgabe zugedacht.
Am Ende soll er sagen:
«Das hast du gut gemacht!»
Darum will ich tapfer sein,

mich trotzdem am Leben freuen und danken,
statt zu wanken!

Meine spezielle Wahrnehmung ist im täglichen Leben oftmals
hinderlich. Doch sie ermöglicht mir auch, Dinge zu sehen, die
andere nur aus Büchern kennen. Vor ein paar Jahren bat mich
Mama, meinen Weihnachtswunschzettel zu schreiben. Das
Ergebnis machte sie erst sprachlos, dann ratlos, denn da
stand: *«Echten Rauschgoldengel sehen».* Damit meinte ich, das
wusste sie nur zu gut, einen Erzengel, und das live und in
Farbe!

«Raphael, den Wunsch muss dir ein Anderer erfüllen», meinte
sie schließlich und fügte hinzu: «Hast du nicht auch Wünsche,
um die ich eine Schleife binden kann?»

Nein, die hatte ich nicht.

Es wurde trotzdem Weihnachten, und ein schönes obendrein.
Gott hat meinen Wunsch gehört und mir Besuch geschickt. Das
war unbeschreiblich. Ich habe es dennoch versucht:

21.12.2007

Denke extraviel nach über Engel, sie sind grandios faszinierende
Flügelwesen, die in Jesu Nähe leben.
Habe heute einen feuerumwogenen glänzenden Engel gesehen, er
sagte sehr freundliche Dinge!

Rauschgoldengel

einen wasserfallähnlichen Geräuschwind verursachen,
ihre Stimme federleicht oder donnergleich
fließend Jesus lobt und seine Herrlichkeit preist.
Ihr riesiger wundersamer Körper
besteht aus strahlendem goldenem Licht,

und ihr Gesicht zündet Funken der Freude,
wenn Jesus zu ihnen spricht!

Heute Morgen erkundigte sich Mama, ob ich die Engel immer noch regelmäßig sehe. Sie erntete schallendes Gelächter meinerseits und deutete es richtig: Ich lachte sie aus. Entweder man kann Engel sehen, dann nimmt man sie immer wahr, oder eben nicht. Weshalb sollte es also aufhören, nur weil ich nicht davon erzählt habe?

23.10.2009

Unsichtbare Welt

Wichtiges geschieht, ohne dass es jemand sieht.
Wesentliche Bereiche stellen dort die Weiche,
der Sieg wird von Engeln und Dämonen ausgefochten,
doch dies wird selten ausgesprochen,
Propheten meinen, sie hätten was verbrochen.
Sie haben nur den Braten gerochen,
meist schon vor Wochen!
Es erschreckt, wenn man etwas sieht,
bevor es real geschieht,
wenn man nicht vor Unsichtbarem flieht,
weil es unsere Welt durchwebt und nach oben zieht,
weil nach dem Schreck und nach der Angst
dir reale Kraft zuteilwird,
und wenn du noch so bangst.
Am Ende muss Jesus gewinnen,
alle Dämonen werden ihm dann dienen.

Natürlich sind Glaube und Zuversicht kein statischer Dauerzustand. Sie wollen abgeglichen, erneuert und poliert werden und sich dynamisch weiterentwickeln.

3.10.2013

Sonnenumflutet
und lichterfüllt sind Gottes Gedanken,
sie bringen mich ein ums andere Mal ins Wanken,
da sie sich mit meinen kläglichen Visionen zanken.
Fürchterlich trifft die Erkenntnis mich,
es bleibt nichts unter dem Strich
von grandiosen Ideen,
wenn sie das Göttliche nicht sehen.
Immer wieder muss ich mich neu justieren,
den Sinn dahinter anvisieren,
darf nicht aufhören beim ersten Widerstand,
sondern das Licht suchen aus erster Hand.
Gott, Du Herrscher über das All,
Du bringst die Dunkelheit zu Fall,
gestern, heute, bis in Ewigkeit,
so wir wollen.
Herr, ich bin bereit!
Lass mich meine Gedanken
in Deinem Licht denken,
einzig Du, Herr,
kannst mein Leben lenken
zum Guten!
Amen!

«Wunder werden» – Motivation und Vorbilder

Es begegnen mir bei meiner Lektüre immer wieder besondere Menschen. Solche, vor deren Lebensgeschichte ich den nicht vorhandenen Hut ziehe und die mich anspornen, meinen persönlichen Kampf weiterzukämpfen. Mein größtes Vorbild – muss ich das erwähnen? – ist selbstverständlich Jesus. Doch auch Franz von Assisi, Ghandi und Nelson Mandela finde ich bemerkenswert. Ganz zu schweigen von Hildegard von Bingen und Albert Schweitzer. Die Liste könnte man noch um einige Namen verlängern.

Letztes Jahr stolperte ich über den Videoclip «Mein Leben ohne Limits» von Nick Vujicic auf YouTube. Ich war fasziniert. Auch sein gleichnamiges Buch verschlang ich geradezu. Nick lebt ohne Arme und Beine intensiver und glücklicher als die meisten seiner Zeitgenossen. Seine Lebensfreude hat etwas Inspirierendes und wahrhaft Ansteckendes. Hier meine Gedanken zu seiner Aufforderung, selbst ein Wunder zu werden, in Strophe eins; in Strophe zwei habe ich ein Gebet angehängt:

18.12.2012

Wunder werden

Wunder geschehen selten auf Befehl,
und häufig gehen Wünsche fehl.
Wenn alles missglückt
und Leid die Sicht verrückt,
dann wird es Zeit, die Perspektive zu ändern,
dies kann so manche Situationen wenden.
Wenn kein Wunder geschieht,
wenn man keinen Fortschritt sieht,
wenn das Glück scheinbar vor dem Schicksal flieht,
dann musst Du selbst zum Wunder werden
zu Gottes Zeuge hier auf Erden.
Dann wird Dir Gottes Gnade zuteil,
und Sinn begleitet Deinen Weg zum Heil.
Suche die Bestimmung für Dein Leben,
denn auch Du hast Wertvolles zu geben!
Herr, lass mich ein Wunder sein!
Herr, ich möchte andere befreien

aus dem Sumpf der Bedrängnis,
aus dem stumpfsinnigen Gefängnis
der Bitterkeit!
Mach mich bereit,
trotz oder wegen meinem Leid.
Herr, nimm mich und meine Zeit,
zu kämpfen gegen Unzufriedenheit,
für ein Leben in Dankbarkeit,
voll Glück und Sinn und auch voll Mut,
denn nur dann ist es so richtig gut!

Ich bin Nick echt dankbar für seinen Lebensmut und ganz besonders dafür, dass er ihn nicht für sich behält, sondern großzügig mit anderen teilt.

Lob und Gelingen motivieren mich definitiv stärker als Frust, Niederlagen und Schmerzen. Die Aufforderung, selbst zum Wunder zu werden, ist nicht leicht umzusetzen, wenn einem nirgendwo Erfolg vergönnt ist. So waren die ersten Schritte auf meinem Weg sicherlich die schwierigsten. Ohne Glauben und einen eisernen Willen wäre ich vermutlich stecken geblieben, denn diese sind unverzichtbar, wenn man herauswill, aus welcher Art Morast auch immer.

Es ist ein Segen, wenn man endlich einen Bereich erahnen darf, in welchem man nicht nur auf der Stelle tritt. Denn hiermit erfährt das Leben einen Sinn und eine Richtung. Jeden Sieg – und sei er noch so klein – koste ich aus und nehme den Schwung mit für all die mühseligen Kapitel. Ich komme in vielen Bereichen nur mühsam vom Fleck, und oftmals trete ich auf der Stelle. Doch mein Blick ist nach vorne gerichtet.

Ich möchte Brücken bauen! – Ausblick, Vision

Auch ich möchte Positives bewirken. Mein Schicksal soll mehr bewirken als mir Schmerz bereiten. Es soll Sinn machen und anderen Betroffenen den Weg ebnen!

Gott hat mir ein schweres Päckchen mit auf den Weg gegeben. Er wird wissen, warum dies nötig war. Wenn ich es schon tragen muss, so soll es wenigstens nicht umsonst sein. Ich suche nach einem Weg, es in eine Perle zu verwandeln, und ich will mich auf keinen Fall entmutigen oder ausbremsen lassen durch meine Behinderung, sondern vielmehr beflügeln durch meine Talente. Praktisch bedeutet dies, dass ich lernen, studieren, schreiben und dichten möchte, in der Hoffnung, dass es Zeitungen und Verlage gibt, die mich darin unterstützen.

Eine rein mechanische Tätigkeit in einer Behindertenwerkstätte mag vielen simpel erscheinen, mich würde sie überfordern, da sich mein Körper so beharrlich meinen Befehlen widersetzt. Wie gesagt: Schweres ist leicht und Leichtes so schwer. Ich möchte Brücken bauen zwischen meiner autistischen Welt und Eurer. Es ist sicherlich eine Bereicherung für beide Seiten und unsere Gesellschaft, wenn wir lernen, auch durch das jeweils andere Fenster zu blicken und unserer Wahrnehmung ein weiteres Puzzlestück hinzuzufügen.

In meinen Träumen werden trennende Zäune und exklusive Konzepte eingeebnet zugunsten der Inklusion. Denn dies betrifft alle: die Armen, die Kranken, die Kinder und die Alten. Heutzutage wird großer Wert auf Individualität gelegt, und zugleich sollen möglichst alle der Norm entsprechen. Dies raubt Gottes buntem Schöpfungsplan die Brillanz der Farben. Jeder noch so ungewöhnliche Mensch hat seine Berechtigung, seine Aufgabe und sein ganz spezielles Talent.

Das Ziel sollte nicht sein, alle gleichzumachen, sondern das Besondere im anderen zu erkennen und sich gegenseitig zu stützen und zu ergänzen. Denn nur so werden wir erkennen, welches Bild dem Puzzle zugrunde liegt. Und so wünsche ich mir auch für mich persönlich Menschen, die nicht vor meinem Anderssein zurückschrecken, sondern die den Mut haben für eine Freundschaft und mich begleiten auf meinem manchmal holprigen Weg durch das Gestrüpp des Alltags hin zu meiner Bestimmung. Wenn Gott will, dann darf ich auf meiner Reise Mut und Freude verbreiten. Trotz allem oder gerade deswegen.

21.07.2013

Tauben bevölkern den Ahornbaum,
ich höre sie gurren in meinem Raum.
Sachte erobern sie meinen Traum,
unbemerkt, man merkt es kaum.
Ein Taubenjunge fällt aus dem Rahmen,
verdutzt geb ich ihm meinen Namen.
Seine Aufgaben erfüllt er nicht,
doch er ist es, der mit mir spricht,
der nachdenkt über mein Gedicht.
Seinen Eltern ist nicht wohl,
Philosophie finden sie zu hohl
und hinderlich zum Überleben,
so wird es keine Enkel gehen.
Doch der junge Taubenmann
lässt sich nicht beirren,
er setzt alles daran,
die anderen zu verwirren
auf der Suche nach seiner Bestimmung,
und die ist speziell – trotz aller Verwirrung.
Das Leben ist weit mehr als der tägliche Kampf,
nur innerer Abstand befreit aus diesem Krampf
und öffnet den Blick für einen tieferen Sinn,
und darin liegt der eigentliche Gewinn.
Ja, es gibt Wesen, die die üblichen Normen sprengen,

sie lassen sich auf ihrer Suche nicht beengen.
Selbst wenn sie unfähig für Alltägliches sind
und ihre Leistungen unbeständig wie der Wind:
tragen auch diese sonderbaren Geschöpfe ihren Teil,
und mit Gottes Hilfe werden alle heil.

7. Von außen betrachtet

Überraschungspaket mit Perle
(aus Sicht der Mutter Dr. Ulrike Müller)

Raphael hat mir nicht viel zu erzählen übrig gelassen. Dieses Buch weckt in mir die Erinnerungen, prüft, wie gut die Wunden inzwischen verheilt sind, und es erstaunt sogar mich, die ich doch alles hautnah erlebt und mitgelitten habe. Die Erinnerungen an die allerersten Lebenswochen und -monate finde ich bemerkenswert, und Raphaels Beschreibungen seiner Welt und seiner ganz besonderen Art der Wahrnehmung halte ich für sehr kostbar, da sie uns einen Blick durch dieses andere Fenster gewähren.

Ich durfte viel lernen in diesen vierzehn Jahren. Zum einen, die Prioritätenliste zu prüfen und neu zu ordnen. Zum anderen, mich nicht durch den äußeren Schein täuschen zu lassen. Die meisten Behinderten verstehen deutlich mehr, als wir meinen.

Während der Schwangerschaft landeten trotz automatischer Terminvergabe gehäuft behinderte Patienten auf meinem zahnärztlichen Behandlungsstuhl, und ich gebe ehrlich zu, ich war überfordert. Da alle Behinderten auf die Förderschule gingen, war es mir und vielen anderen nicht möglich, einen natürlichen Umgang mit diesen besonderen Menschen zu erlernen. Inzwischen hat Raphael mir beigebracht, nicht über die Begleitperson mit meinen Patienten zu kommunizieren, sondern die Betroffenen direkt anzusprechen. Dies sorgt oftmals für Erstaunen, gerade bei den Begleitpersonen. Seit ein paar Jahren habe ich sogar eine Schreibtafel in der Praxis und stelle fest, dass viele der «geistig Behinderten» in der Lage sind, gestützt zu schreiben und mir so ihre Bedürfnisse mitzuteilen.

Meines Erachtens sollte das Gestützte Schreiben so anerkannt werden wie die Brailleschrift für die Blinden und die Gebärdensprache für die Gehörlosen.

Von Raphael durfte ich auch lernen, nicht nur die Symptome zu bekämpfen, sondern beharrlich nach den Ursachen zu suchen. Andersherum sind viele Erkenntnisse, die ich während beruflicher Fortbildungen gewinnen durfte, Raphael zugutegekommen. Ich habe tatsächlich eine Doppelrolle inne, bin seine Mutter und Ärztin zugleich, und das nicht unbedingt freiwillig. Vermutlich werde ich von den Kollegen härter aufgeklärt als andere Mütter und weiß dabei mehr als andere, um mich ordentlich zu sorgen, während mir mein Kenntnisstand in seinem konkreten Fall doch nicht immer weiterhilft, denn ich bin Zahnärztin und nicht Allgemeinmedizinerin. Da aber unsere moderne Medizin den Menschen oftmals in seine Einzelbestandteile splittet, so dass sich jeder in erster Linie um seinen Fachbereich kümmert, liegt es häufig genug doch an mir, das Puzzle Raphael zusammenzufügen.

Raphael ist mit Abstand die interessanteste Person, die ich kenne, und die wohl größte Herausforderung für unsere Familie. Er besitzt die Weisheit eines Achtzigjährigen, den Verstand eines Erwachsenen, die Emotionen eines Jugendlichen und den Körper eines Babys. Diese Mischung zwischen körperlicher Behinderung auf der einen Seite und Inselbegabungen auf der anderen Seite sind nicht immer leicht unter einen Hut zu bringen. Gerade als wir anfingen, auf Normalität zu hoffen, mussten wir feststellen, dass Raphael Anlauf nahm und über das Ziel hinausschoss, so dass er gleichzeitig auf beiden Seiten vom Pferd fiel. Dieses Kind passt tatsächlich in keine verfügbare Schublade.

Vor Jahren fand ich folgende Geschichte von Emily Perl Kingsley im Internet. Sie bringt, wie ich meine, viele Dinge auf den Punkt:

Reise nach Holland[7]

Wir werden oft gefragt, wie es ist, ein behindertes Kind großzuziehen. Es ist wie folgt:

Wenn man ein Baby erwartet, ist das, wie wenn man eine wunder-

volle Reise nach Italien plant. Man deckt sich mit Reiseprospekten und Büchern über Italien ein und plant die wundervolle Reise. Man freut sich aufs Kolosseum, Michelangelos David, eine Gondelfahrt in Venedig, und man lernt vielleicht noch ein paar nützliche Brocken Italienisch. Es ist alles so aufregend.

Nach Monaten ungeduldiger Erwartung kommt endlich der lang ersehnte Tag. Man packt die Koffer, und los geht's. Einige Stunden später landet das Flugzeug. Der Steward kommt und sagt: «Willkommen in Holland.» – «Holland¿!¿ Was meinen Sie mit Holland¿!¿ Ich habe eine Reise nach Italien gebucht! Mein ganzes Leben lang habe ich davon geträumt, nach Italien zu fahren!»

Aber der Flugplan wurde geändert. Du bist in Holland gelandet, und da musst du jetzt bleiben. Wichtig ist, die haben uns nicht in ein schreckliches, dreckiges, von Hunger, Seuchen und Krankheiten geplagtes Land gebracht. Es ist nur anders als Italien.

So, was du jetzt brauchst, sind neue Bücher und Reiseprospekte, und du musst eine neue Sprache lernen, und du triffst andere Menschen, welche du in Italien nie getroffen hättest. Es ist nur ein anderer Ort, langsamer als Italien, nicht so auffallend wie Italien. Aber nach einer gewissen Zeit an diesem Ort und wenn du dich vom Schrecken erholt hast, schaust du dich um und siehst, dass Holland Windmühlen hat. Holland hat auch Tulpen, Holland hat sogar Rembrandts.

Aber alle, die du kennst, sind sehr damit beschäftigt, von Italien zu kommen oder nach Italien zu gehen. Und für den Rest deines Lebens sagst du dir: «Ja, Italien, dorthin hätte ich auch reisen sollen, dorthin habe ich meine Reise geplant.» Und der Schmerz darüber wird nie und nimmer vergehen, denn der Verlust dieses Traumes ist schwerwiegend. Aber wenn du dein Leben damit verbringst, dem verlorenen Traum der Reise nach Italien nachzutrauern, wirst du nie frei sein, die speziellen und wundervollen Dinge Hollands genießen zu können.

Es ist tatsächlich ein hartes Erwachen, wenn man unvorbereitet in «Holland» landet; es dauert einen Moment, bis man die «Tulpen» sehen und sich an den «Rembrandts» erfreuen kann. Für unsere Familie bedeutet das Zusammenleben mit Raphael eine Vielzahl von Einschränkungen und zugleich die Erweiterung unseres Horizonts. Wir stoßen an alle verfügbaren Grenzen, auch an solche, von deren Existenz wir zuvor nichts ahnten.

Die körperliche Behinderung ist physisch anstrengend, das Nicht-Kommunizieren-Können war über Jahre psychologisch schwierig, bis wir dank der Gestützten Kommunikation einen Weg fanden, uns doch zu verständigen. Ein Angehöriger mit Autismus verordnet seiner Familie eine Intensivschulung in Authentizität, denn nur wenn sie vorbehaltloses Vertrauen spüren, öffnen sich diese scheuen Wesen.

Dank Hannah, Raphaels Schwester, dürfen wir neben «Holland» auch «Italien» sehen und genießen. Doch das Pendeln zwischen beiden Extremen ist organisatorisch anspruchsvoll. Täglich sind wir gefordert, all die unterschiedlichen Interessen unter einen Hut zu bringen. Das ist vermutlich für alle Familien ein Thema, doch Familien mit einem pflegebedürftigen Angehörigen sind doppelt gefordert.

Es ist wohl nicht weiter verwunderlich, dass die Reaktionen auf Raphael äußerst unterschiedlich ausfallen. Immer wieder stoßen sich manche Zeitgenossen an dem Thema Behinderung, damit muss man vermutlich leben. Andere haben ein Problem damit, einem Behinderten Talente zuzugestehen, während manche Menschen genau diese Mischung von Behinderung und Begabung fasziniert.

Mich erstaunen vor allem jene, die Raphael und auch seine Texte von Anfang an kennen und dennoch mit ihm reden, als wäre er ein Kleinkind. Ein natürlicher, unkomplizierter Umgang gelingt nur wenigen Erwachsenen. Das mag daran liegen, dass unsere Generation keine Chance bekam, dies lernen zu dürfen.

Meine Aufgabe besteht also neben all den pflegerischen Aufgaben und dem Zusammensetzen des medizinischen Puzzles vor allem darin, das Phänomen Raphael zu erklären: jenen, die sich nicht vorstellen können, dass ein behindertes Kind schreiben und verstehen kann, seine geniale Seite vor Augen führen; und denen, die nicht verstehen, weshalb er nicht alles, wovon er schreibt, selbst umsetzen kann, muss ich seine Grenzen aufzeigen.

Es ist ein Geschenk, dass wir nicht in die Zukunft blicken können. Wenn man mir vorher gesagt hätte, was mit dem Thema Kind alles auf uns zukommt, so hätte ich dankend abgelehnt, denn einer solchen Aufgabe hätte ich mich niemals stellen wollen. Wenn es dann aber so weit ist, dann hat man im Leben immer die Wahl: Man kann eine Aufgabe annehmen oder davor fliehen. Letzteres kam für uns nicht in Frage.

Es gibt heutzutage für alles im Leben Kurse, Fortbildungen und Führerscheine, doch die beiden wichtigsten Bereiche scheinen davon ausgenommen: die Ehe und die Kinder. Hier wird man ins kalte Wasser geschubst, und wenn man dabei in seltene Gewässer plumpst, dann ist es ein Stück kälter als gedacht, und man muss härter strampeln.

Inzwischen bin ich dankbar, dass Raphael unser Leben bereichert und uns immer wieder hilft, uns auf das Wesentliche zu konzentrieren. Ein Mensch wie Raphael bewegt sich in keinem Punkt mit dem Mainstream, und es gibt nur wenige, die den Weg vor ihm gegangen sind. Daher reisen wir auf holprigen Trampelpfaden. Es gibt kaum Wegweiser, manchmal müssen wir uns mit der Himmelsrichtung begnügen.

Wir erhielten die Diagnose nicht sofort, sondern erst mit der U5-Untersuchung am Gründonnerstag 2000. Die Schwangerschaft war unauffällig, die Geburt am 24. September 1999 vergleichsweise harmlos, die Apgar-Werte lagen bei 9/10/10. Raphael war der einzige, dazu weißblonde Junge auf der Station neben neun dunkelhaarigen Mädchen. Wir waren überglücklich! Die ersten Monaten verliefen unbeschwert, und so traf uns die Diagnose im April 2000 wie ein Blitz aus heiterem Himmel. Raphael war viel zu «gut» für die Schwere des Befundes, und so war es nicht einfach, Kind und Befund unter einen Hut zu bringen.

Nach einem durchheulten Tag bekam ich von meinem Mann zu hören, ich solle mich zusammenreißen, denn: «Raphael braucht dich!» Das nahm ich mir zu Herzen. Er ist der Hauptleidtragende, der Hilfsbedürftige, also gilt es, die eigenen Bedürfnisse zurückzustellen und für ihn da zu sein.

Die unbeschwerten, glücklichen Monate zu Anfang haben den Grundstein gelegt für ein tiefes Vertrauen und ein großes Reservoir, aus dem ich die letzten Jahre schöpfen durfte.

Es war eine erschreckende Erkenntnis, dass nicht alle in gleicher Weise auf einen Schicksalsschlag reagieren. In vielen Punkten durchlebt man die Phasen eines Trauerprozesses: Wut, Verdrängung, Enttäuschung, Schweigenwollen und Redenmüssen. Nur eben nicht in der gleichen Reihenfolge und Intensität. Das kann zu Verwirrung führen im Familiengefüge. Die rational Geprägten meinen, «das kommt nun mal vor in der Natur», und «so ist halt das Leben». Die Emotionalen fragen verwirrt, «was sie denn verbrochen haben». Man läuft immer wieder Gefahr, zu fragen, was denn schiefgelaufen ist, wer oder was Schuld trägt, warum es gerade die eigene Familie trifft ... Und während es die einen näher zu Gott treibt, nehmen die anderen erst mal respektvollen Abstand.

Bei zahlreichen Gelegenheiten hatte ich den Eindruck, dass Raphael deutlich mehr verstand, als ihm die Ärzte zutrauten, doch ich stand auf reichlich verlorenem Posten, und so behielt ich meine Meinung gegenüber anderen für mich, versuchte aber gleichzeitig, Raphael zu fördern und zu bestärken, so gut es ging. Auch als Raphael endlich schreiben konnte, dauerte es Monate und Jahre, ehe die Schublade vorsichtig geöffnet wurde, in die man ihn fälschlicherweise gepfercht hatte. Es ist ein Geschenk, dass Raphael nicht resignierte, sondern tapfer seinen Weg weiterging, ohne sich um die Meinungen, Vorurteile und Zweifel seiner Mitmenschen zu kümmern.

Die ersten Jahre tröstete ich mich mit dem Gedanken, dass zwar unser Leben mit einem Schlag in völlig anderen Bahnen verlief, aber dass Raphael in seiner eigenen Welt glücklich schien. In diesem Punkt wurde ich eines Besseren belehrt, sobald Raphael schreiben konnte und mir gestand, dass «Depressionen öde sind». «Hoppla!», dachte ich, hier galt es gegenzusteuern; es war dringend nötig, dass Raphael einen Sinn erkennen und damit sein Schicksal annehmen konnte.

Ich machte mich auf die Suche nach sinnstiftender Literatur, um ihm und mir den Rücken zu stärken, und wurde neben der Bibel vor allem in den Schriften von Viktor E. Frankl und auch in positiven Biografien fündig. Raphael las und liest dankbar mit mir all die Bücher, zieht seine Schlüsse daraus, denkt darüber nach und wächst daran. So gleicht er auf der kognitiven Ebene seine körperlichen Defizite aus und beschenkt auch alle anderen damit.

Ein Schicksalsschlag wirkt wie ein Filter auf das Leben und den Freundeskreis. Es ändert sich manches, und in vielen Bereichen ändert sich die Gewichtung. Letztlich ist es nicht die Behinderung und schon gar nicht das Kind, das die eigentliche Belastung ausmacht, sondern das «Drumherum», die vielen Anträge, Einsprüche, Termine, Vorstellungsgespräche …, die das Leben mit einem Behinderten in einen Hindernislauf umgestalten und an den Nerven zehren. Ich stehe nach vierzehn Jahren immer noch nachts auf; Raphael hat noch immer schmerzbehaftete Tage, an denen die Schmerzmittel an ihre Grenze kommen …

Diese lauten, schmerzerfüllten Tage werden Gott sei Dank allmählich weniger und die durchgeschlafenen Nächte häufiger. Doch unser Trainingszustand nimmt ab, und unser Nervenkostüm hat über die Jahre gelitten, so dass die wenigen heftigen Tage umso schlimmer erscheinen.

Mit drei Jahren und einem Monat Abstand kam unsere Hannah auf die Welt und brachte einen Schwung Normalität und frischen Wind in unsere Familie. Sie fordert uns auf ganz anderen Ebenen, und wir sind froh, diese aufgeweckte junge Dame bei uns zu haben.

Es ist schön, wie selbstverständlich sie mit Raphael umgeht. Wir versuchen Raphael so oft wie möglich mitzunehmen und in unsere Aktivitäten mit einzubinden. Doch gerade bei sportlichen Ausflügen wie Skifahren ist er außen vor. Dies hat zur Folge, dass wir immer mal wieder die Familie splitten müssen, damit wir Hannah auch solche Hobbys ermöglichen können. Meist bedeutet dies, dass Vater und Tochter Ski fahren gehen, während ich mit Raphael zu Hause bleibe. In seltenen Fällen bitte ich die Oma, Raphael zu hüten, damit ich die beiden begleiten kann und selbst nicht alles verlerne.

Die Tatsache, dass wir nur wenig gemeinsam erleben können und uns nur selten mit anderen Familien zu Wanderausflügen oder Ähnlichem treffen können, schmerzt. Nach wie vor benötigen wir jemand, der Wache schiebt, während unser Freundeskreis längst dem Babysitteralter entwachsen ist. Dies verkompliziert vieles. Umso wertvoller erscheinen die «Ausflüge nach Italien», kleine Oasen und Zeitfenster mit Hannah oder zu zweit, um Kraft zu tanken und Normalität zu genießen.

Selbstverständlich sind auch wir in die Falle getappt, uns «Termine» zu setzen: «Bis Weihnachten ...» oder: «Bis zum Geburtstag wird das schon!» Dann war die Enttäuschung natürlich umso größer. Es war und ist immer wieder ein Kraftakt, von Vorstellungen und Wünschen Abschied zu nehmen und offen zu sein für die Überraschungen. Manche Wünsche werden erfüllt, nur gänzlich anders als erwartet.

Ich habe mir immer gewünscht, mich einmal mit meinen Kindern über Bücher austauschen zu können. Auf die Idee, dass mein Sohn schon im Kindesalter «meine» Bücher liest, und noch dazu in Windeseile, wäre ich wahrlich nicht gekommen. Jahrelang habe ich gebetet, Raphael möge sprechen lernen, damit wir uns verständigen können. Er spricht immer noch nicht, aber er schreibt, wie Sie nun wissen, ganze Bücher.

Wir haben uns lange davor gescheut, einen Behindertenausweis zu beantragen, das schien die Diagnose so unwiderruflich zu fixieren. Auch vor einem Rollstuhl schreckten wir lange zurück. Doch wenn man in einer Kleinstadt lebt, dann kann man sich nicht so leicht verstecken, und die Dinge totschweigen funktioniert auch nicht so recht. Man fällt auf, wenn man sich mit einem behinderten Menschen unter die Leute wagt, da weder Aussehen noch Verhalten oder die Geräusche der gewohnten Norm entsprechen. So ist es verständlich, dass sich andere umdrehen oder zweimal hinsehen, es ist meist nicht «bös» gemeint. Dennoch muss man erst lernen, damit umzugehen.

Auch das Thema Hilfsbereitschaft ist ein Thema zum Staunen, da die meisten Menschen den Kopf so randvoll mit eigenen Problemen haben, dass sie um sich herum nichts mehr wahrnehmen. Wir haben verzweifelte Situationen erlebt, wo niemand zu helfen bereit war, und andere, wo uns völlig unerwartet Hilfe zuteilwurde.

Auch dies erfordert einen Lernprozess: um Hilfe bitten und Hilfe annehmen können. Manche Schulbegleitung ist genau an diesen Punkten gescheitert, und auch uns Familienangehörigen gelingt es nicht jeden Tag gleichermaßen.

Letztlich bleibt aber nur ein offener, möglichst natürlicher Umgang. Wenn wir diese «besonderen» Menschen verstecken, rauben wir ihnen jede Chance auf Integration und Inklusion.

Die Frage nach dem Warum habe ich mir nach dem ersten Schock Ostern 2000 konsequent verboten. Sie hilft nicht weiter, sondern führt in der Spirale abwärts, weiter in den Sumpf hinein. Die Fragen «Wie?» und «Wozu?» sind konstruktiver, ebenso die Konzentration auf die Stärken des anderen. Leider übersehen wir allzu oft die Stärken unserer Mitmenschen, da sich unser Blick an den Schwächen verhakt.

Die Erfahrungen anderer Betroffener und die Erkenntnis, dass es ähnlich heftige Schicksalsschläge gibt, kann das Gewicht der eigenen Last lindern. Viele gute, hilfreiche Ratschläge verdanken wir dem FC-Stammtisch. Ich bin dankbar, dass wir Vroni Raila und ihre Mutter kennen lernen durften, denn sie ist die Einzige, die Raphael annähernd ähnlich ist. Unsere Telefonhotline hat uns über so manche Krise hinweggeholfen.

Und wenn die Last zu schwer wird und das Tal zu tief, dann ist es ein Segen, wenn man die Sorgen abgeben darf im Gebet und darin auch Unterstützung erfährt. Gute Freunde sind eben gerade dann besonders wertvoll, wenn die Dinge anders laufen als geplant.

Den Satz «Danken schützt vor Wanken, und Loben zieht nach oben!» hörte ich erstmals auf einer Gemeindefreizeit. Er hat mich gerade in den schweren Anfangszeiten an das Wesentliche erinnert.

Das Kindergebet meiner Großmutter «Herr, in Deine Hände sei Anfang und Ende, sei alles gelegt!» hat sich immer wieder bestens als Stoßgebet bewährt, zum Beispiel bei epileptischen Anfällen. Mit dem Philipperbrief, besonders Kapitel 4, Vers 4, habe ich lange Zeit meine persönlichen Kämpfe ausgefochten, denn die Aufforderung, sich grundsätzlich zu freuen, fiel mir angesichts der haarsträubenden Befunde anfangs wirklich nicht leicht.

Das Ausmaß des Kernspinbefundes war erschreckend, ein Erwachsener hätte einen Schlaganfall dieser Größe vermutlich nicht überlebt. Wir sind nur haarscharf einer Totgeburt entronnen, die unseren Lebensalltag die letzten Jahre wohl erleichtert hätte, doch ich wäre nur schwer darüber hinweggekommen. Die Tatsache, dass Raphael lebt, ist Wunder und Geschenk zugleich, trotz aller Unbilden und Strapazen.

Immer wieder werden wir vor neue Herausforderungen gestellt, und unser Leben ist weiß Gott alles, nur nicht langweilig. Dank Raphael durften wir Dinge erleben, die uns sonst kaum vergönnt gewesen wären. Die Delfintherapien beispielsweise, die ganz nebenbei auch meinen eigenen Kindheitstraum erfüllten. Oder aber die Preisverleihungen und die Matinée im Schloss Bellevue. Auch der Zeitungsworkshop war ein echtes Highlight, da alle Jugendlichen mit Feuereifer an ihren Projekten arbeiteten, ohne Gemaule oder «Null-Bock-Stimmung». Die Motivation und Begeisterung dieser jungen Preisträger hat mich echt beeindruckt.

Gesundheit ist laut Definition der WHO von 1948 weit mehr als die Abwesenheit von Krankheit. Somit stellt sich mitunter die Frage, was oder wer denn eigentlich gesund ist. Ich bin geneigt, Menschen, die wie Raphael oder Nick Vujicic ihr Schicksal annehmen und dabei nicht zerbrechen, sondern daran wachsen, ein hohes Maß an Gesundheit zuzuschreiben. Sie haben einen Weg gefunden, trotzdem dankbar und zufrieden zu sein und sowohl einen Sinn als auch ein Ziel für ihr Leben zu erkennen. Dies lässt sie auch bei Rückschlägen nicht verzweifeln, sondern tapfer nach vorne schauen. Auf diese Weise gelingt es ihnen tatsächlich, das reibende Sandkorn in eine kostbare Perle zu verwandeln.

Von solchen Menschen kann man lernen, niemals aufzugeben, unbeirrbar am Glauben festzuhalten und für Kleinigkeiten dankbar zu sein und für das, was möglich ist, statt über «Verpasstes» zu klagen. Raphael strahlt, zumindest an den schmerzfreien Tagen, eine Zufriedenheit aus, von der ich mir gerne eine Scheibe abschneiden würde, und sein Lachen ist so ansteckend, dass man gar nicht anders kann als mitlachen.

Es beschämt mich, dass es nicht selten Raphael war, der gerade in den ersten Jahren häufiger mich getröstet hat als ich ihn. Raphael kann ein Wegweiser sein für das Wesentliche, denn er verfügt vor allem über eines, das vielen fehlt, nämlich Zeit zum

Nachdenken. Das Ergebnis seiner ungewöhnlichen Gedankengänge fließt in seine Texte ein und berührt tief. Diese Texte sind sein Geschenk an uns!

Allen betroffenen Familien wünsche ich, dass sie der «Reise nach Holland» auch Positives abgewinnen können, die Tulpen sehen und den heftigen Wind nicht als Ärgernis wahrnehmen, sondern als Herausforderung, Windmühlen zu bauen.

Tino und Hannah, es ist so schön, dass es Euch gibt und wir den Weg als Familie gemeinsam gehen dürfen, dass wir «Tulpen sehen und Gondel fahren» können. Habt Dank für Eure Liebe und Eure Geduld!

Ein großes Dankeschön gebührt den Großeltern, die uns so tatkräftig unterstützen. Ohne sie wäre vieles nicht möglich!

Mein Dank gilt allen, die ein offenes Herz und eine offene Klassenzimmertür für Raphael hatten und haben!

Raphael, ich wünsche Dir, dass Du tatsächlich vermitteln darfst zwischen Deiner Welt und unserer und die für die Inklusion so wichtigen Brücken bauen kannst. Und ich bete, dass Du zeitlebens Stützer zur Seite hast, die Dich begleiten und Dir Kommunikation ermöglichen, damit Du tatsächlich mehr aus Deinen Talenten schöpfen kannst, als dass Du durch Deine Behinderungen ausgebremst wirst. Denn Du hast in der Tat viel zu sagen! Lass uns auch weiterhin teilhaben an Deinen stummlauten Gedanken!

Danke, dass Du unser Leben bereicherst!

In Liebe, Deine Mama

Ein Spiegel
(aus Sicht des Schulberaters StD Bernhard Kamm)

Lieber Raphael,

seit mehreren Jahren darf ich Dich auf Deinem Weg am Gymnasium begleiten. Wir haben Höhen und Tiefen auf diesem Weg erlebt. Deine Texte berühren mich und öffnen mir immer neu die Augen dafür, wie Lernen und Erkennen und bewusstes Erleben glücklich machen können. Du hältst manchmal auch den Spiegel vor! Ich finde, dass Dir das zusteht, weil Du ein Vorbild darin bist, wie man durch das Annehmen von Leid persönlich reifen kann. Danke für Deine Anregungen, sich auf das Wesentliche zu besinnen! So kommt Inklusion voran!

Bernhard Kamm

Ermutigung, unbekannte Wege zu gehen
(Gerhard Haunschild, Rektor des
Deutschherren-Gymnasiums)

Lieber Raphael,

als Schulleiter des Deutschherren-Gymnasiums Aichach freue ich mich sehr, dass Du seit mehreren Jahren unsere Schule besuchst und im Rahmen Deiner Möglichkeiten in verschiedenen Fächern am Unterricht teilnimmst. In eindrucksvoller Weise erfahren Deine Mitschülerinnen und Mitschüler und auch Deine Lehrerinnen und Lehrer durch das tägliche Zusammensein mit Dir, dass jeder von uns – auch bei gesundheitlichen Problemen – über seine eigene Begabung verfügt und besondere Fähigkeiten besitzt.

Du hast jetzt Deine Biografie geschrieben und lässt uns in Deinem wunderbaren Buch teilnehmen an Deinem Erleben und Deiner ganz persönlichen Sichtweise auf die Welt. Mögen durch die Lektüre viele Leser ermutigt werden, ihren Mitmenschen ohne Vorurteile zu begegnen und auch selbst unbekannte Wege in ihrem Leben zu beschreiten.

Gerhard Haunschild

Was würden Sie tun?
(Die Perspektive der Lehrerin StR Katharina Dollinger)

Was würden Sie tun, wenn Sie nicht laufen könnten? Wenn Sie nicht so, wie es Ihre Gedanken vorgäben, mit anderen Menschen kommunizieren könnten? Das heißt, Sie kommunizieren natürlich, aber die anderen verstehen Sie nicht. Die Menschen um Sie herum merken nicht einmal, dass Sie Ihnen etwas sagen möchten. Und das mit Fußball, Autoschrauben und Bastelarbeiten geht auch nicht. Sicher würden Sie all Ihre Energie – wenn Sie die überhaupt noch besäßen – in die Forderung und Förderung Ihres Geistes legen. Lesen, schreiben und Ihr Gehirn schulen, wo Sie nur könnten. Dann wäre es auch nicht weiter erstaunlich, dass Sie darin weitaus besser wären als der Fußballer, Autoschrauber und Dekobastler, oder?!

Dieses Gedankenspiel habe ich nicht nur ein Mal ablaufen lassen, wenn es darum ging, Menschen zu einem anderen Blick auf Raphaels Situation zu bewegen. Und ganz ehrlich – ich musste es selbst auch erst spielen. Ich war neu an der Schule in Aichach, und da sollte ein Kind in meiner Klasse sitzen, das sich angeblich nur mittels Gestützter Kommunikation verständigen könne. Die Präsentation dieser Technik durch Raphael und seine Mutter beim ersten Treffen faszinierte und irritierte mich gleichermaßen; doch die Überzeugung, dass es Dinge zwischen Himmel und Erde gibt, die sich dem Blick durch die rationale Lehrerinnenbrille nicht erschließen, behielt die Oberhand.

Es konnte doch eigentlich jeder nur gewinnen, und es war schön, das umsetzen zu dürfen: Raphael, der neues Terrain für seine Gedanken bekam, die Mitschülerinnen und Mitschüler, die in der Regel mit einer Selbstverständlichkeit dem Blick über den eigenen Tellerrand begegneten, dass sich mancher Erwachsene eine Scheibe abschneiden könnte, und letzten Endes auch ich. Denn es wurde mir doch noch einmal mehr deutlich, dass Kinder nicht immer das brauchen, was ich gerade für richtig halte. Nicht jedes Kind braucht zwanghaft die Bildung, die wir für angemessen halten, ebenso wie ein anderes nicht die Anzahl an Sozialaktivitäten benötigt, die wir uns vorstellen.

Dass die Gemeinsamkeit all dieser Verschiedenheit inzwischen einen quasi per Gesetz verordneten Status und das fast zum Politikum geratene Wort der Inklusion bekommen hat, finde ich ein wenig schade. Ich hoffe trotzdem, dass Raphael wie auch alle anderen Kinder in einer ähnlichen Situation einen Weg gehen können, der von Herzen – und nicht von Gesetzen – kommt. Alles Gute, Raphael!

Katharina Dollinger

Ich freue mich schon auf die weitere gemeinsame Zeit!
(Tanja Spencer, Schulbegleitung)

Lieber Raphael!

Durch Dich habe ich in der kurzen Zeit, die ich bei Dir bin, viel lernen dürfen. Während meiner Ausbildung konnte ich schon einiges über Autismus lernen, doch über das Thema mit dem Gestützten Schreiben haben wir leider nichts gelernt.

Schon bei unserem ersten Treffen konnte ich vereinzelte Buchstaben mit Dir schreiben. Innerhalb von zwei Monaten sind wir sogar sehr gut darin geworden, vollständige Sätze zu schreiben.

Als Deine Schulbegleitung kann ich sagen: Wir beide haben eine sehr enge Bindung, die sich nicht nur auf das Physische reduzieren lässt, sondern vielmehr auf der emotionalen Ebene stattfindet.

Die Schule bereitet Dir sehr viel Freude, die sich manchmal zu sehr auf Deine Lautstärke auswirkt, so dass wir den Unterricht abbrechen müssen, um den Schülern und Lehrern entgegenzukommen.

Doch es ist toll, dass Du Dich davon nicht entmutigen lässt, sondern Dich vielmehr auf das Positive im Leben beziehst.

Du bist das beste Beispiel, indem Du uns zeigst, dass auch die kleinen Dinge im Leben wichtig sind, die wir in unserem Alltag gar nicht richtig wertschätzen, da die Gewohnheit uns verwöhnt hat.

Deine Texte und Ideen schaffen es, mich nahezu jeden Tag aufs Neue zu überraschen. Dafür möchte ich Dir danken!

Ich freue mich schon auf die weitere gemeinsame Zeit, bei der ich Dich begleiten darf, sowie auf Deine weiteren Werke, die mich meist sprachlos machen.

Tanja

Unser Poet
(Kommentare der Klassenkameraden)

«Wenn Raphael auf eine Frage antwortet, bringt er es immer auf den Punkt. Er bringt immer gute Beiträge, die wertvoll für den Unterricht sind.»

«Raphael zeigt, dass er trotz seiner Behinderung nie den Mut verliert, was ich wirklich bewundernswert finde.»

«Seine Intelligenz ist erstaunlich und faszinierend. Er gibt nicht auf und kann sich auf seine besondere Art gut ausdrücken.»

«Ich finde es toll, dass es Raphael so gut in unserer Klasse gefällt und er sich wohlfühlt. Auch wenn er keine Noten bekommt, finde ich es sinnvoll, dass er auf unserer Schule ist und im Unterricht etwas lernen kann, denn auch Menschen, denen später kein normaler Alltag möglich ist, sollen die Chance auf Wissen haben. Noch dazu, wenn man ein so einfallsreiches Köpfchen wie Raphael hat.» *Alicia*

«Ich finde es interessant, dass er trotz seiner Behinderung im Unterricht so gut mitkommt und alles versteht, was man sagt. Ich habe ihn ebenso nicht als störend empfunden, da es nicht so oft vorgekommen ist, dass er lauter wurde.»

«Raphael hat ein bewundernswertes Talent für das Verfassen von Texten und Gedichten, dies hat er des Öfteren der Klasse unter Beweis gestellt.»

«Auch wenn sich uns Raphaels Reaktionen nicht immer erschließen, freut sich doch jeder über sein Lachen zwischendurch.:-)»

«Ich finde es schade, dass Raphael sich nicht so gut und schnell ausdrücken kann, da es mich öfter interessieren würde, was in seinem Kopf vorgeht und welche Ideen er hat!»

«Es wäre interessant, wenn sich Raphael mit uns unterhalten könnte und uns seine Ideen besser mitteilen könnte.»

«Hast Dich super in die Klasse integriert.:-)»

«Tief in Dir drin steckt, was man von außen nicht erwartet!»

Meine guten Wünsche zu Raphaels Buch!
(Dr. Pius Thoma)

Es sind die wahren Zäune wohl
in den Herzen und Köpfen der Menschen verborgen.

Diese «inneren Zäune» – Vorurteile, feste Meinungen oder erlebte und als unverrückbar empfundene Erfahrungsbestände – lenken zu oft unser Denken und Urteilen.

So ging es auch mir, als ich mit dem eingangs zitierten Gedicht von Raphael konfrontiert wurde. Es war mir fast unmöglich, diese Verse dem entwicklungsgemäßen sprachlichen und geistigen Schaffen eines achtjährigen Kindes zuzuordnen. Doch dies änderte sich spontan bei der ersten Begegnung mit Raphael anlässlich eines Seminars an der Universität Augsburg. Mein anfängliches Misstrauen wandelte sich in Staunen, Bewunderung und Freude. Ich konnte die Übereinstimmung zwischen der Person Raphael und der Aussage und Form des Gedichtes als authentisch erleben.

Inzwischen kenne ich eine Vielzahl seiner sprachlichen Schöpfungen. Die Vielfalt der Gestaltungsformen, die breite Streuung von konkret erzählenden Texten bis hin zu hohen abstrakten Reflexionen sowie die Fülle von Themen können echte Bewunderung auslösen. Raphael schreibt Zwergengeschichten, berichtet über Erfahrungen mit Delfinen, denkt über die Relativitätstheorie nach, dichtet über die Liebe und äußert sich zu seinem starken religiösen Bewusstsein; er macht sich im wahrsten Sinne des Wortes Gedanken über Gott und die Welt und gießt diese in unterschiedlichste sprachliche Formen.

Sein besonderer Einsatz gilt der Inklusion. Selbst von Autismus betroffen und an den Rollstuhl gebunden, mahnt er in seinen Texten ein Umdenken auf allen Ebenen der Gesellschaft an. Dabei geht er mit seiner Behinderung offen um und gibt tiefe Einblicke in seine innere Welt. Er klagt nicht, sondern strahlt immer Lebensfreude und Optimismus aus. Dies spürt man auch, wenn man mit ihm zusammen ist.

So kann ich Dir, lieber Raphael, nur wünschen, dass viele Menschen Dein Buch lesen und dabei dem Ziel der Inklusion immer näher kommen, damit sich Deine Vision, die Du so eindringlich und hoffnungsgeladen in Deinem schon eingangs zitierten Gedicht aufgeschrieben hast, erfüllen kann:

Morgen, so hoffe ich,
werden diese Zäune niedergerissen,
dann haben Gedanken freien Lauf –
und das Leben auch!

Pius Thoma

Nicht wie es scheint ...
(aus der Sicht von Dr. Cornelia Rehle,
Dozentin der Uni Augsburg)

Ich erinnere mich noch gut daran, wie ich Raphael zum ersten Mal traf: Es war anlässlich eines Vortrags in unserem «Forum für inklusive Strukturen an Schulen» (FISS). Unter den Zuhörern befand sich auch ein Junge im Rollstuhl, acht Jahre alt, wie man mir später sagte. Ich dachte mir: «Seine Mama hat ihn wohl mitnehmen müssen, aber der arme Bub hat ja nichts von dem Vortrag, er langweilt sich bestimmt fürchterlich. So wie er im Rollstuhl hängt und ab und zu ‹komische› Töne von sich gibt, wäre er besser zu Hause geblieben.»

Der Referent sprach über Inklusion und dass dieser Prozess ein Umdenken erfordere, ja einen gesamtgesellschaftlichen Paradigmenwechsel sowohl voraussetze wie auch zur Folge habe. Es war ein langer, interessanter Vortrag, gespickt mit langen, fremden Wörtern. Am Ende war – wie üblich – Zeit für die Zuhörer, ihre Fragen zu stellen; viele kluge Fragen, an die ich mich nicht mehr erinnere. Dann meldete sich auch Raphaels Mutter: Ob sie vorlesen dürfe, was Raphael geschrieben habe?

Ja, richtig, aus den Augenwinkeln hatte ich eine Aktivität der Mutter mit ihrem Jungen beobachtet, ein Tippen auf ein Brett oder Ähnliches, hatte dem aber keine Bedeutung zugemessen.

Natürlich dürfe sie das vorlesen, kam die etwas gönnerhafte Erlaubnis. Wie staunte ich aber (und wahrscheinlich ging's mir da wie den anderen Zuhörern), als Frau Müller laut und deutlich einen scharfsinnig formulierten Kommentar vorlas, von dem mir noch eine Wendung im Gedächtnis haften geblieben ist: «Dass doch der erwähnte Paradigmenwechsel sich baldmöglichst in den Herzen und Köpfen der Menschen vollziehen möge ...»

Wie bitte?!? Hatte das der achtjährige Junge im Rollstuhl geschrieben? Das hieß ja, er hatte nicht nur alles mitbekommen und verstanden, sondern sich dazu eine eigene Meinung gebildet und konnte diese auch in gewählten Worten ausdrücken. Das hieß aber auch, dass meine erste Einschätzung so was von danebengelegen hatte!

Und genau damit begann *mein* Lernprozess – mit einem Umdenken, das bis heute an Gewicht nicht verloren hat: nicht in die «Falle» des äußeren Eindrucks tappen, nicht sich ein vorschnelles Urteil erlauben über die Fähigkeiten eines Menschen! Das genau ist es, was Raphael mich/uns lehren kann und was für die Begegnung mit überhaupt *allen* Menschen Gültigkeit besitzt: «Man sieht nur mit dem Herzen gut, das Wesentliche ist für die Augen unsichtbar …» (Antoine de Saint-Exupéry).

Seither habe ich Raphael immer wieder als einen höchst interessierten, aufmerksamen Teilnehmer an den unterschiedlichsten Veranstaltungen kennen gelernt, sei es als Gast in Seminaren und Vorlesungen für Lehramtstudierende oder bei weiteren Vorträgen zu unterschiedlichen Themen. Oft habe ich hinterher einen Beitrag per E-Mail von ihm bekommen, oft in gereimter Form, immer treffend, feinfühlig und aussagekräftig. Und oft habe ich bei den Studierenden genau dieses Staunen erlebt: «Hat das der Junge im Rollstuhl, der nicht spricht, geschrieben?»

Jawohl, das hat er, und ich hoffe sehr, dass er noch viel schreibt und uns an seiner Welt teilhaben lässt.

Cornelia Rehle

Tief berührt!
(Antonia Huppertz, Studentin der Uni Augsburg)

Lieber Raphael,

Ich durfte am Dienstag dabei sein, als Du uns im Seminar bei Frau Rehle besucht hast.

Ich hätte Dir gerne sofort eine Rückmeldung gegeben, aber ich war noch so überwältigt davon, wie Du mit Wörtern und Buchstaben etwas so Wunderschönes entstehen lassen kannst, dass mir die Worte gefehlt haben.

Deshalb schreibe ich Dir jetzt diese E-Mail, um mich bei Dir für diese einmalige Erfahrung zu bedanken. Dich zu sehen und zu hören, was du geschrieben hast, ist definitiv einer der Momente im Leben, die ich nie vergessen werde. Du hast mich tief beeindruckt, auf vielerlei Ebenen.

Am meisten hat mich jedoch berührt, dass über Dich gesagt wurde, es habe keinen Sinn, die Buchstaben mit Dir zu üben, und dass Dir so die Fähigkeit, zu lernen und zu denken, abgesprochen wurde. Die Vorstellung, dass, wenn Du nicht gezeigt hättest, was Du kannst, und Deine Mutter nicht so an Dich geglaubt hätte, Du dann jetzt keinen Weg gefunden hättest, um Dich und Dein Innerstes auszudrücken, ist schrecklich. Und noch schlimmer ist es, dass wir vielleicht so vielen anderen Menschen, die ein ähnliches Schicksal wie Du haben, diese Möglichkeit ebenfalls verwehren oder, noch viel schlimmer, ihnen zum Teil das Menschsein aberkennen.

Dich erleben zu dürfen hat meine Sicht auf die Welt in diesem Punkt verändert, und ich hoffe, dass ich diese Erkenntnis in meinem zukünftigen Beruf als Lehrerin und im Leben niemals vergesse und jedem die Chance gebe zu lernen – und vor allem: Mensch zu sein.

Lass Dich niemals entmutigen, und mach weiter so!

Antonia Huppertz

Literatur, Links, Filme

Kitty Ferguson: *Das Universum des Stephen Hawking. Eine Biographie,* München: Econ-Taschenbuch-Verlag, 2000.

Viktor E. Frankl: *Ärztliche Seelsorge,* München: dtv, 2007.

Anselm Grün: *Das Buch der Antworten. Zu den großen Fragen des Lebens,* Freiburg i. Br.: Herder, 2011.

Axel Hacke, Giovanni di Lorenzo: *Wofür stehst Du? Was in unserem Leben wichtig ist – eine Suche,* Köln: Kiepenheuer & Witsch, 2012.

Alex & Brett Harris: *Yes you can. Mach mit bei der Rebelution und verändere deine Welt,* Aßlar: Gerth Medien, 2009.

Stephen Hawking: *Das Universum in der Nussschale,* München: Dt. Taschenbuch-Verlag, 2004

Stephen Hawking, Leonhard Mlodinow: *Der große Entwurf. Eine neue Erklärung des Universums,* Reinbek bei Hamburg: Rowohlt-Taschenbuch-Verlag, 2011.

Imke Hirschmann: *Die besten Gedichte 2009/2010. Ausgewählte Gedichte aus der Frankfurter Bibliothek,* Frankfurt a. M.: Frankfurter Literaturverlag, 2009.

Kirsten Kuhnert: *Jeden Tag ein kleines Wunder. Das Geschenk der Delphine,* Kreuzlingen: Hugendubel, 2005.

Wolfgang Maly: *Die Maly-Meditation. Wie Zuwendung heilen kann,* München: Droemer Knaur, 2012.

Stephan Marks: *Die Würde des Menschen oder: Der blinde Fleck in unserer Gesellschaft, 2010,* Gütersloh: Gütersloher Verlagshaus, 2010.

Angelika Pöhlmann, Tamara Kasper, Heidemarie Ithaler-Muster: *Schneespur. Gedichte,* [Leipzig]: Engelsdorfer Verlag, 2011.

Veronika Raila: *Vronis Wunder. Sprachlos wortreich,* Augsburg: Context-Verlag, 2010.

Veronika Raila: *Vronis Wandlung und andere Wandlungen. Sprachlos wortreich,* Augsburg: Context-Verlag, 2013.

Garrett W. Sheldon: *Was würde Jesus tun? Die außergewöhnliche Geschichte einer Gemeinde, die nach Gottes Willen fragt,* Witten: SCM, 2001.

Daniel Tammet: *Elf ist freundlich und Fünf ist laut. Ein genialer Autist erklärt seine Welt,* München: Heyne, 2013.

Pius Thoma, Cornelia Rehle: *Inklusive Schule. Leben und Lernen mittendrin,* Bad Heilbrunn: Klinkhardt, 2009.

Nick Vujicic: *Mein Leben ohne Limits. «Wenn kein Wunder passiert, sei selbst eins!»,* Gießen: Brunnen, 2013.

Irmgard Woitas-Ern, Ina Züchner, Raphael Müller u. v. a.: *Waldwege. Gedichte,* [Leipzig]: Engelsdorfer Verlag, 2009.

Writers Ink e.V.: *Selected texts from the Daniil Pashkoff Prize 2010,* Braunschweig: Writers Ink e.V., 2010.

Links

www.autismus-oberbayern.de/index.php?p=aut_merkmale
www.curacaodolphintherapy.com/de
www.dolphin-aid.de
www.neobooks.com
www.uschtrin.de
www.veronika-raila.de

Filme

Avatar, DVD
Ziemlich beste Freunde, DVD
Mein Freund, der Delfin, DVD
What Would Jesus Do?: www.youtube.com/watch?v=w0k1_7B2D24
WWJD2.The.Woodcarver.2012: www.youtube.com/watch?v=WaozyYz_cpo

Glossar

ataktisch ⇒ ungeordnet, ungelenk, Bewegungsmuster gestört

Autismus ⇒ andere Art der Wahrnehmung und der Verarbeitung

BBZ ⇒ Beratungs- und Behandlungszentrum für behinderte Kinder der Hessing Stiftung, Augsburg

Delfintherapie ⇒ tiergestützte Therapie mit Delfinen

Dolphin Aid e.V. ⇒ Verein zur Unterstützung der Delfintherapie

Elecok ⇒ Beratungsstellen des Arbeitskreises «Elektronische Hilfen und Computer für Körperbehinderte»

Epilepsie ⇒ Krampfanfälle, durch das Gehirn gesteuert

Facilitated Communication (FC) ⇒ Gestützte Kommunikation, die schriftlich erfolgt, indem eine Begleitperson körperliche und emotionale Stütze bietet.

Feldenkrais-Methode ⇒ Ein körperorientiertes Lernverfahren, benannt nach seinem Begründer Moshé Feldenkrais. Es schult vor allem die Körperwahrnehmung.

Hippotherapie ⇒ Reittherapie

Hydrozephalus internus e vacuo ⇒ vergrößerte Seitenventrikel im Gehirn, allerdings ohne Drucksymptomatik

luxiert ⇒ ausgekugelt

Osteopathie ⇒ Ein ganzheitliches Behandlungskonzept, das sich zur Diagnose und Therapie der Hände bedient. Ziel ist es, Einschränkungen der Beweglichkeit von Strukturen und Geweben zu korrigieren, um körperliches und seelisches Wohlbefinden wiederherzustellen. Begründet von A.T. Still.

Perinatal ⇒ um den Zeitpunkt der Geburt herum; kann also vor oder nach der Geburt bedeuten.

Propriozeptoren ⇒ Rezeptoren der Tiefensensibilität, gewährleisten die Wahrnehmung der Stellung und der Bewegung des Körpers im Raum; Muskelspindeln.

Sensorische Integration ⇒ Wahrnehmung des eigenen Körpers

Anmerkungen

[1] Manche der Kapitel- und Zwischentitelüberschriften beziehen sich auf Buch- oder Filmtitel. Die betreffenden Titel werden unter «Literatur, Links, Filme» aufgeführt.

[2] © Raphael Müller (2011 eingereicht zum Wettbewerb der Bibliothek dt. Gedichte, veröffentlicht in der Anthologie 2011).

[3] Die Namen wurden aus Gründen des Persönlichkeitsschutzes teilweise geändert. Der Verlag.

[4] Alex & Brett Harris: Yes you can. Mach mit bei der Rebelution und verändere deine Welt, Aßlar: Gerth Medien, 2009.

[5] Erster Preis beim Wettbewerb der Kulturzone Berlin für ein Friedenslied 2009; vertont von Jörg Hausmann, erschienen auf der CD «stop and go», Manna Records.

[6] Kommentar zu dem Buch *Der große Entwurf* in der Schülerzeitung «Ventil»; «Thema Freiheit», 2011.

[7] Emily Perl Kingsley, 1987; aus dem Englischen übersetzt.